J
68

ÉMILE DE GIRARDIN

LA HONTE DE L'EUROPE

> Les chrétiens d'Orient sont liés par la communauté d'origine à quelques-uns des peuples de notre monarchie. Je suis donc disposé à favoriser parmi eux le développement de leur autonomie et l'établissement d'un *self-government* limité par un lien de vassalité. Ce serait d'ailleurs là le moyen le plus sûr de consolider la paix entre le sultan et les raïas.
>
> *Le baron de Beust au comte de Stackelberg*, novembre 1866.

> Il y a beaucoup de raisons de penser qu'une chaîne d'États autonomes, quoique encore tributaires du sultan, pourrait être étendue de la mer Noire à l'Adriatique avec avantage pour ce potentat lui-même.
>
> *Lord Stratford Redcliffe au Times*, septembre 1876.

Troisième Édition

PARIS
E. PLON ET Cie, IMPRIMEURS-ÉDITEURS
RUE GARANCIÈRE, 10

1876

Tous droits réservés.

ÉMILE DE GIRARDIN

QUESTIONS DE MON TEMPS

1836 à 1856

Douze volumes in-8° (I à XII)

XIII — PAIX ET LIBERTÉ
QUESTIONS DE L'ANNÉE 1863. — Un volume.

XIV — FORCE OU RICHESSE
QUESTIONS DE L'ANNÉE 1864. — Un volume.

XV — POUVOIR ET IMPUISSANCE
QUESTIONS DE L'ANNÉE 1865. — Un volume.

XVI — LE SUCCÈS
QUESTIONS DE L'ANNÉE 1866. — Un volume.

XVII — LE CONDAMNÉ DU 6 MARS
QUESTIONS DE L'ANNÉE 1867. — Un volume.

XVIII — LA VOIX DANS LE DÉSERT
QUESTIONS DE L'ANNÉE 1868. — Un volume.

XIX — L'ORNIÈRE
QUESTIONS DE L'ANNÉE 1869. — Un volume.

XX — LE GOUFFRE
QUESTIONS DES ANNÉES 1870 ET 1871. — Un volume.

XXI — LETTRES D'UN LOGICIEN
QUESTIONS DES ANNÉES 1872 ET 1873. — Un volume

XXII — GRANDEUR OU DÉCLIN DE LA FRANCE
QUESTIONS DES ANNÉES 1874 ET 1875. — Un volume.

XXIII — QUESTIONS PHILOSOPHIQUES
1852 A 1857. — Un volume.

XXIV — LES DROITS DE LA PENSÉE
QUESTIONS DE PRESSE : 1832 A 1864. — Un volume.

Ensemble : vingt-quatre volumes in-8° de 600 à 900 pages.

PARIS. TYPOGRAPHIE DE H. PLON ET Cie, RUE GARANCIÈRE, 8.

LA

HONTE DE L'EUROPE

8° J
68

L'auteur et les éditeurs déclarent réserver leurs droits de traduction et de reproduction à l'étranger.

Ce volume a été déposé au ministère de l'intérieur (section de la librairie), en septembre 1876.

PARIS. — TYPOGRAPHIE DE E. PLON ET Cie, RUE GARANCIÈRE, 8.

CAHIER (S) OU FEUILLET(S) INTERVERTI(S) À LA COUTURE
RÉTABLI(S) À LA PRISE DE VUE
DE LA PAGE .V. À LA PAGE X..

ÉMILE DE GIRARDIN

LA HONTE DE L'EUROPE

Les chrétiens d'Orient sont liés par la communauté d'origine à quelques-uns des peuples de notre monarchie. Je suis donc disposé à favoriser parmi eux le développement de leur autonomie et l'établissement d'un *self-government* limité par un lien de vassalité. Ce serait d'ailleurs là le moyen le plus sûr de consolider la paix entre le sultan et les raïas.

Le baron de Beust au comte de Stackelberg, novembre 1866.

Il y a beaucoup de raisons de penser qu'une chaîne d'États autonomes, quoique encore tributaires du sultan, pourrait être étendue de la mer Noire à l'Adriatique avec avantage pour ce potentat lui-même.

Lord Stratford Redcliffe au Times, septembre 1876.

Deuxième Édition

PARIS
E. PLON ET Cie, IMPRIMEURS-ÉDITEURS
RUE GARANCIÈRE, 10

1876

Tous droits réservés.

AVANT-PROPOS

La brochure que je détache du volume qui paraîtra à la fin de l'année 1876 est la seconde que je publie sur la Turquie, dont le maintien en Europe met en question pour la seconde fois, depuis moins de vingt-cinq ans, la paix du monde.

J'en ai publié une en 1854, dont les conclusions étaient différentes.

Cette brochure était intitulée :

SOLUTIONS DE LA QUESTION D'ORIENT.

A cette époque, sur la foi des autorités réputées les plus irrécusables, je partageais la double erreur commune :

Je croyais que l'empire russe voulait s'approprier Constantinople, prendre et garder les clefs des Dardanelles.

Je croyais que l'empire ottoman, n'ayant plus d'inquiétude sur son intégrité et son indépendance, allait et pouvait se réformer.

Cette croyance était aussi celle du peuple anglais; il ne l'a plus, et je ne l'ai plus.

Le 29 mai 1853, lord John Russell disait à la Chambre des Communes :

> La politique bien arrêtée du gouvernement anglais consiste à maintenir inviolable la foi des traités et à soutenir l'intégralité et l'indépendance du gouvernement turc.

Le 3 août 1876, à vingt-trois ans de distance, le même lord Russell écrit au *Times* :

> SI NOUS NE POUVONS EMPÊCHER LES TURCS D'ÊTRE CRUELS ET BARBARES, NOUS DEVRIONS NOUS ALLIER AVEC LA RUSSIE ET COMBINER LES MOYENS D'ACCOMPLIR NOTRE BUT. La devise du parti tory, c'est la *liberté civile et religieuse sur toute la surface de la terre.*

Et plus de cinq cents *meetings* ont déjà fait écho à la parole de l'ancien ministre des affaires étrangères, qui, s'il a eu le tort d'écarter, en novembre 1863, la proposition de Congrès adressée par le gouvernement français à tous les gouvernements étrangers, en vue du désarmement général, a eu le mérite, en janvier 1860, d'attacher honorablement son nom à la signature du traité avec la France, traité fondamental du libre échange, et, en juin 1863, à la restitution spontanée à la Grèce des îles Ioniennes, grand exemple donné qui n'a pas encore porté ses fruits, mais qui les portera, car il a prouvé qu'il y a des abandons de territoire qui, loin de l'affaiblir, fortifient l'État qui les fait volontairement.

Depuis 1853, la lumière s'est faite à tous les yeux sur l'impuissance absolue du gouvernement ottoman à tenir aucun des engagements successifs qu'il a solennellement pris, notamment par son hattichériff du 18 février 1856, engagements de l'exécution desquels sont demeurées solidairement garantes l'Autriche, la France, la Grande-Bretagne, l'Italie, la Prusse et la Russie.

Il a accumulé emprunts sur emprunts.

Qu'a-t-il fait de tout l'argent que lui ont confié l'épargne britannique et l'épargne française, sur la foi de garanties qui se sont tout à coup évanouies?

Il l'a follement et criminellement dilapidé.

Le chiffre de sa banqueroute frauduleuse dépasse quatre milliards.

Quelles illusions assez opiniâtres pouvaient résister au triste spectacle si longtemps prolongé de cette démence héréditaire et incurable de sultans, se succédant sans qu'aucun changement de règne changeât rien à la désolante condition des huit millions de chrétiens, leurs sujets en Europe, et à la barbarie de l'impôt, condamnant à la pauvreté et à la stérilité un sol riche et fertile qui ne demande pour enrichir les populations qui le possèderont qu'un peu de travail et des voies de communication, de transport et d'échanges!

A ces sultans qui dépensent follement les millions de l'Angleterre et de la France à se construire des palais qu'ils démolissent après les avoir bâtis, l'idée, suscitée par l'amour-propre national, n'est pas même venue de redresser, de paver et de balayer les rues de Constantinople!

En 1853, avant que j'eusse fait paraître ma brochure, M. Vaillant, fondateur du collége interne de Bucharest, en avait aussi publié une intitulée : SOLUTION DE LA QUESTION D'ORIENT (1), où il était dit :

> Il n'y a plus de Turks barbares, comme il n'y a plus de Francs ni de Teutons ; mais il y a une Turkie qui se police et chez laquelle l'*application du tanzimat ne fera bientôt plus qu'un peuple des* 21 *millions de musulmans et des* 14 *millions de chrétiens* qui forment la population de ce vaste empire.

Cette opinion était en contradiction avec celle qu'exprimait alors en ces termes M. John Lemoinne:

> Nous voulons bien que le Sultan ait les meilleures intentions du monde, qu'il soit humain, bienfaisant, clément; cela ne prouve qu'une chose : c'est qu'il est un incrédule, un sacrilége et un traitre envers sa religion. S'il est orné de

(1) Paris, chez Scribe et Guyot.

toutes les vertus chrétiennes, c'est qu'il n'est plus qu'un faux musulman. S'il pratique la tolérance, alors il est déjà perdu, car le principe, la force et la vertu de l'islamisme, c'est l'intolérance. Le Coran ne repose que sur le principe de la guerre à mort, de la guerre éternelle aux infidèles ; il défend aux croyants de s'arrêter dans leur œuvre de conquête et de carnage avant que le monde entier ait été soumis à l'islamisme. Le jour donc où le chef des croyants a fraternisé avec un chien de chrétien et qu'il a traité avec lui d'égal à égal, ce jour-là il a apostasié, et en principe il a abdiqué. Le Sultan n'a pas même le droit d'être tolérant : les deux lois ennemies ne peuvent rien s'accorder. L'islamisme est un dogme, un système tout d'un bloc ; on ne peut rien en détacher ; il faut tout conserver ou tout anéantir.

Elle était surtout en contradiction avec celle de M. de Maistre, se résumant ainsi :

Les Turcs sont aujourd'hui ce qu'ils étaient au milieu du quinzième siècle, des Tartares campés en Europe. Rien ne peut les rapprocher du peuple subjugué, que rien ne peut rapprocher d'eux. Là, deux lois ennemies se contemplent en rugissant ; elles pourraient se toucher pendant l'éternité, sans pouvoir jamais s'aimer. Entre elles point de traités, point d'accommodement, point de transactions possibles. L'une ne peut rien accorder à l'autre, et ce sentiment même qui rapproche tout ne peut rien sur elles. De part et d'autre, les deux sexes n'osent se regarder, ou se regardent en tremblant comme des êtres d'une nature ennemie, que le Créateur a séparés pour jamais. Entre eux est le sacrilége et le dernier supplice. On dirait que Mahomet II est entré hier dans la Grèce, et que le droit de conquête y sévit encore dans sa rigueur primitive. Spectateurs dédaigneux et hautains de notre civilisation, de nos arts, de nos sciences, ennemis mortels de notre culte, ils sont aujourd'hui ce qu'ils étaient en 1454, un camp de Tartares assis sur une terre européenne. La guerre contre nous est naturelle, la paix forcée. Dès que le chrétien et le musulman viennent à se toucher, l'un des deux doit périr.

Le 1er mars 1854, lord Clarendon, alors ministre des affaires étrangères, terminait son discours au Parlement par cette déclaration expresse :

Ni l'Angleterre ni aucune autre puissance chrétienne ne rempliraient dignement les importants devoirs qui leur sont aujourd'hui imposés, elles ne consulteraient pas les intérêts du sultan lui-même, si elles ne saisissaient pas cette occasion d'assurer à la population chrétienne de Turquie des *droits égaux et une justice égale*, et de préparer la voie au progrès et à la prospérité dont la civilisation chrétienne dotera cet empire.

Le 14 décembre suivant, lord Stratford de Redcliffe, ambassadeur de la Grande-Bretagne à Constantinople, parlant au Sultan, lui disait :

La *récompense que l'Angleterre* espère des sacrifices qu'elle pourra être obligée de faire pour défendre l'indépendance de la Turquie, c'est non-seulement le triomphe d'un principe européen, mais encore un système d'améliorations suivies et progressives dans la condition des sujets turcs de toutes les classes.

Et le *Times*, en donnant place à ces paroles, les faisait suivre de celles-ci :

Nous enregistrons ces paroles parce que, plus les événements nous poussent à soutenir la Turquie contre les Russes, moins nous devons perdre de vue les droits des sujets chrétiens de la Turquie. *Quelque désir que nous ayons de prolonger l'existence de l'Empire ottoman, nous ne pouvons y parvenir qu'en obtenant pour les chrétiens de Turquie des droits positifs et palpables*, en leur persuadant qu'ils peuvent considérer comme des amis les gouvernements de France et d'Angleterre. Nous nions que la Russie ait droit au protectorat exclusif des sujets chrétiens de la Porte, et nous réclamons pour le reste de l'Europe un intérêt égal à leur progrès et leur bien-être. La difficulté est de faire comprendre aux populations chrétiennes que, tout en soutenant la souveraineté de la Porte, nous désirons obtenir pour elles une réforme complète de leur condition. Une fois convaincu de cette vérité, le peuple grec, avec son énergie et son intelligence, pourrait être plus facilement disposé à soutenir l'Angleterre et la France qu'à se ranger du côté de la Russie. Si le peuple grec, au contraire, est contraint de regarder les puissances comme ses adversaires, il se placera sous la protection que la Russie pourrait lui départir.

Dans la position actuelle, alors que nous sommes également intéressés à soutenir la Turquie contre la Russie et les prétentions des races chrétiennes contre la domination turque, il n'y a qu'une marche à suivre, c'est celle tracée par lord Stradford de Redcliffe. *Nous devons subordonner l'assistance que nous donnons au Sultan à la condition qu'il donnera d'amples droits à ses sujets chrétiens,* et nous pourrons placer ces droits sous la protection, non de la Russie, mais de l'Europe.

Partageant cette confiance de lord Clarendon et de lord Stratford de Redcliffe, partagée par le *Times,* ma conclusion de 1854 était celle-ci, que je reproduis textuellement :

Une grande et propice occasion se présente de dénationaliser les détroits en les universalisant : ce serait de déclarer le détroit des Dardanelles entièrement libre, et de montrer par cet éclatant exemple comment, sous des mains habiles, l'obstacle peut devenir moyen.

Dira-t-on qu'une telle politique serait la lente absorption de la Turquie par la civilisation ? Si, en effet, la Turquie ne pouvait subsister que par le despotisme et le fanatisme, ce ne serait pas moi qui regretterais qu'elle disparût; mais, j'en ai la ferme conviction, la certitude morale, dès que la Turquie ne sera plus tiraillée en tous sens par des diplomates jaloux de faire parler d'eux au loin, rivaux d'influence ou égarés par des animosités personnelles; dès qu'elle ne sera plus le champ de bataille diplomatique où se tâtent, se mesurent, se heurtent, se contrecarrent, se contredisent l'Autriche, l'Angleterre, la France et la Russie désœuvrées; dès que la Turquie n'aura plus d'inquiétude sur son existence efficacement garantie, elle, qu'on accusait d'être un cadavre, achèvera, en marchant d'un pas sûr et rapide dans les voies du progrès, l'éclatante démonstration qu'elle vient de donner à l'Europe étonnée.

Si la Turquie a trouvé d'abondantes ressources, si elle s'est imposé d'immenses sacrifices pour la défense de sa nationalité, elle saura trouver des ressources non moins abondantes, elle saura s'imposer des sacrifices non moins grands pour fonder sa prospérité. Il suffira, pour l'y décider, qu'elle apprenne que, dans ce siècle de concurrence industrielle et de rivalité commerciale, la paix est devenue pour les nations immobiles une épreuve plus redoutable que la guerre; il suffira qu'elle sache que maintenant l'accomplissement de tous les progrès est pour tous les peuples une question de vie ou de mort.

A qui les vingt-trois années qui se sont écoulées depuis l'an de guerre 1853 ont-elles donné raison?

Est-ce aux apologistes du gouvernement ottoman, est-ce à M. de Lamartine, est-ce au duc de Valmy, est-ce à M. Ubiccini, est-ce à M. Vaillant, précité, est-ce à lord Clarendon, est-ce à lord Stratford de Redcliffe, est-ce au *Times*, est-ce à moi-même ou est-ce à M. John Lemoinne et à M. de Maistre?

Le hatti-chériff de Gulhané, le tanzimat-kairiie, et le hatti-chériff de 1856, la mort de cent mille Français et de cinquante mille Anglais et Piémontais, immolés au salut de l'empire ottoman, et les trois milliards qu'a coûté l'expédition de Crimée, ont-ils fait « un seul et même peuple, égal en droits, des musulmans et des chrétiens de cet empire » ?

Le gouvernement ottoman a-t-il fait entrer « la population chrétienne de Turquie dans la voie de progrès et de prospérité de la civilisation chrétienne » ?

L'Angleterre a-t-elle reçu « la récompense de ses sacrifices » ?

L'Europe a-t-elle obtenu « la réforme complète de la condition des sujets chrétiens de la Turquie placés désormais sous sa protection » ?

Si ces hattichériffs, si le sang versé et les milliards dépensés n'ont réussi qu'à perpétuer les mêmes abus et les mêmes excès, le même despotisme et le même servilisme, la même insouciance, la même ignorance et la même démence, ai-je eu tort de faire comme le peuple anglais, ai-je eu tort de répudier l'illusion et de me rendre à l'évidence ?

Je me borne à poser la question. Le lecteur y répondra.

ÉMILE DE GIRARDIN.

Paris, le 22 septembre 1876.

LA

HONTE DE L'EUROPE

I

LA TURQUIE D'EUROPE DEVANT L'EUROPE

27 mai 1876.

Financièrement, la Turquie n'existe plus comme gouvernement; politiquement, elle ne saurait tarder à être rayée de la carte d'Europe comme nation.

N'ayant plus de finances, n'ayant plus de crédit, ne pouvant plus emprunter à aucun taux d'intérêt, si usuraire qu'il passe pour être, si insuffisant qu'il soit en réalité, où désormais puiserait-elle l'argent impérieusement nécessaire à la solde de son armée, de sa flotte, de son administration, en admettant même que le sultan Abdul-Aziz-Khan ait payé ses folles dépenses au prix de la perte de son trône et de sa vie ?

Même le failli de bonne foi, le failli excusable, le failli que des événements improbables et imprévus, que des cas de force majeure ont contraint de déposer son bilan, ne peut franchir l'entrée de la Bourse sous peine d'expulsion; une égale rigueur ne serait-elle pas de toute justice à l'égard des gouvernements que d'impardonnables dilapidations, des déficits accumulés, des budgets fictifs, des emprunts gaspillés, ont conduits à faire banqueroute ? Les inscriptions de rente, les obligations que tels gouvernements n'ont réussi à émettre et à placer qu'en abusant de la crédulité d'une multitude de petits prêteurs, qu'en faisant luire à leurs yeux des garanties frisant l'escroquerie et le stellionnat, ces inscriptions de rente sans réalité, ces obligations sans gage ne devraient-elles pas être impitoyablement radiées de la cote de toutes les Bourses où le respect des engagements n'est pas un vain mot? Ambassadeurs ou ministres plénipotentiaires accrédités près ces gouvernements ne devraient-ils pas être l'objet d'un rappel publiquement motivé et fermement maintenu jusques à réhabilitation? Au lieu de cela, que se passe-t-il et que voit-on? S'il arrive que tel État banqueroutier change son ambassadeur ou son ministre plénipotentiaire, le nouvel envoyé est reçu en grande pompe, avec le cérémonial d'usage, et les paroles les plus flatteuses lui sont officiellement adressées.

J'entends à tout propos et hors de propos opposer journellement à la doctrine de la liberté la doctrine de l'autorité. Quel respect veut-on que les peuples aient pour les gouvernements, lorsque ceux-là voient ceux-ci pousser si loin le mépris de leurs engagements les plus formels, le manque de bonne foi et d'absence de probité? L'impunité dont ces gouvernements jouissent n'est-elle pas la plus dangereuse de toutes les écoles d'immoralité?

Encore, si les gouvernements qui payent exactement ce qu'ils doivent se bornaient à recevoir plus ou moins pompeusement et à complimenter plus ou moins emphatiquement les ambassadeurs ou les ministres plénipotentiaires de puissances insolvables! Mais, non, là ne s'arrête pas leur injustifiable tolérance.

L'empire ottoman s'écroule.

Que font les grandes puissances chrétiennes?

Le laissent-elles s'écrouler, heureuses que l'Europe soit enfin délivrée de cet anachronisme régnant?

— Non ; elles font au contraire tout ce qu'elles peuvent pour en retarder la chute, comme si cette chute devait avoir des conséquences moins graves, dans cinq ans, dans dix ans, dans vingt ans, qu'aujourd'hui ou qu'en 1854.

Est-ce que, loin de perdre de son importance, la question de la liberté des mers et de la neutralisation des détroits n'est pas appelée à en acquérir une de plus en plus grande dans l'avenir, car le libre échange est encore au berceau ?

Je n'eusse pas approuvé que l'Autriche et la Russie intervinssent prématurément à mains armées en faveur de l'Herzégovine et de la Bosnie, aspirant à l'autonomie qu'ont acquise la Grèce, l'Égypte, la Serbie et la Roumanie ; mais j'eusse compris de la part de toutes les puissances chrétiennes une éclatante et suprême manifestation d'ardentes sympathies en faveur de l'affranchissement de leurs coreligionnaires trop longtemps courbés sous le joug musulman. Cette éclatante manifestation, dont il eût été tout simple que la Russie donnât l'exemple et prît l'initiative, eût suffi, je n'en doute pas, pour dicter à la « Sublime Porte » (vieux style) des résolutions très-différentes de celles qu'elle a prises. Sans argent et sans crédit pour payer ses troupes, qu'eût-elle fait, qu'eût-elle pu faire si, encouragés par les sympathies hautement avouées des puissances signataires du traité du 30 mars 1856, le Montenegro et la Serbie eussent pris parti pour leurs frères opprimés? Qu'eût-elle répliqué si, à ces observations, ces puissances eussent répondu :

« Avant d'aller verser le sang des chrétiens, vos sujets, « commencez donc par faire honneur à vos engagements, « commencez donc par assurer le payement régulier des « dettes au remboursement desquelles vous avez affecté « garanties sur garanties, que vous n'avez pas le droit de « reprendre sans autoriser contre vous le soulèvement de « l'opinion européenne indignée ! Si vous voulez qu'on vous

1.

« traite en nation, soyez donc une nation qui mérite ce nom ! « Soyez donc un gouvernement qui ne soit pas la dilapida- « tion et la démence ! »

Au lieu de tenir au « divan » ce langage de la probité et de l'humanité, qu'ont fait l'Autriche et la Russie ? Elles se sont efforcées d'empêcher le Montenegro et la Serbie de se soulever et de prendre fait et cause pour l'Herzégovine et la Bosnie.

A mon avis, c'est une faute, une très-grande faute que l'Autriche et la Russie ont commise. Si, au début de la question, l'Autriche et la Russie l'eussent résolûment, très-résolûment posée dans les termes que je viens d'indiquer, elle se fût résolue d'elle-même. En se résignant tout de suite à l'amputation de l'Herzégovine et de la Bosnie, l'empire turc eût échappé à la gangrène qui menace de l'emporter, et toute crainte de conflagration européenne se fût évanouie. Mieux que cela, cette crainte ne fût pas née, et S. H. l'empereur de Turquie n'eût pas donné à S. A. le vice-roi d'Égypte, son vassal, le contagieux exemple de la banqueroute frauduleuse, que celui-ci s'est empressé de suivre.

A quoi, sinon à embrouiller encore plus l'écheveau ottoman, à quoi a servi, à quoi pouvait servir la fameuse Note du comte Andrassy, dépourvue de toute sanction ? Lorsqu'un État a été impuissant à tenir ses engagements les plus formels et que les causes de cette impuissance sont plus que jamais demeurées les mêmes, quelles garanties efficaces peut-il donner qu'il tiendra ses nouveaux engagements plus exactement que les anciens ?

A mon sens, l'Allemagne, l'Autriche et la Russie, en cette circonstance, n'ont pas agi en grandes puissances sérieuses. Aussi n'ont-elles abouti qu'au plus piteux avortement ; elles n'ont abouti qu'à la prolongation de l'état de guerre intestine qu'elles voulaient abréger, et qu'au désaccord entre elles et l'Angleterre.

Ce qu'il y avait à faire, on ne l'a pas fait. Maintenant, que peut-on et que doit-on faire?

Il n'y a point à hésiter : il faut par la pensée devancer l'inévitable ; il faut considérer la chute de l'empire turc en Europe comme étant un fait déjà accompli, et sa succession comme étant déjà ouverte, afin de n'être pas à la merci des incidents et des événements lorsqu'ils éclateront, afin de les diriger et de n'être pas entraînés par eux.

L'Angleterre, désorientée, boude et s'isole. Il faut la laisser bouder et s'isoler. Mais ce qui importe surtout, c'est que la France s'abstienne de faire cause commune avec elle et de se mettre de moitié dans son isolement. Rien avec elle, rien contre elle. Le gouvernement français serait sans excuse s'il oubliait l'immense et nouveau service que lui a rendu l'an dernier le gouvernement russe. Service pour service. Il faut, quelle que soit la résolution à laquelle celui-ci s'arrête, que le cabinet de Saint-Pétersbourg puisse compter absolument sur le cabinet de Versailles. A tout prix, il faut empêcher qu'une alliance EXCLUSIVE se noue et se resserre entre les deux illustres chanceliers : le prince Gortschakoff et le prince de Bismarck. Là serait pour nous le danger, le grand danger. Si elle est judicieuse, si elle est clairvoyante, si elle est vigilante, si elle est prévoyante, notre politique extérieure doit tendre de tous ses efforts à cette quadruple alliance :

L'Allemagne;

La France;

L'Italie;

La Russie.

Les quatre cabinets de ces quatre puissances n'ont qu'à agir de concert pour être sans conteste les arbitres du sort de l'Europe. Il dépend d'eux, sans courir le plus petit risque de guerre, non de rétablir l'ancien équilibre européen de 1815, mais d'opérer le nouveau partage de l'Europe, qui en permettrait le désarmement, plus nécessaire encore à l'Allemagne et à l'Italie qu'à la France et à la Russie.

Loin d'avoir rien à redouter et rien à perdre dans la transformation de l'empire turc, quelle qu'elle soit, nous ne pouvons qu'y gagner.

Que pourrions-nous y perdre ?

La Russie, donnant un démenti à ses déclarations itératives de 1830 et de 1853, dont les événements, depuis quarante ans, ont attesté la sincérité, la Russie, prit-elle possession de Constantinople, ne fermerait assurément pas le détroit des Dardanelles. Pourquoi, et à qui le fermerait-elle ? Hormis la marine russe, quelle autre marine militaire ou marchande est sérieusement intéressée au libre passage de la mer Noire dans la Méditerranée et de la Méditerranée dans la mer Noire ?

Les autres puissances n'ont qu'à assister, les bras croisés, au spectacle de l'écroulement, en Europe, de cet empire turc, que l'Angleterre et la France, au prix de l'existence de cent cinquante mille de leurs meilleurs soldats et de plus de trois milliards de francs, ont commis la faute, en 1854, de vouloir soustraire à la fatalité de sa destinée ; l'Europe attentive doit prévoir le cas où le gouvernement ottoman serait impuissant à empêcher le massacre, l'égorgement de ses sujets non musulmans ; oh ! alors, il n'y aurait plus à rester les bras croisés ; il y aurait lieu d'intervenir sans aucune hésitation et sans aucun retard ; alors ce ne serait pas l'intervention, ce ne serait pas la guerre, ce serait le châtiment.

II

LA GUERRE

30 mai 1876.

Oui, la guerre, ce mot sanglant que l'on ne saurait prononcer sans douter des progrès de la civilisation, agite les lèvres de tous ceux qui parlent avant d'avoir réfléchi sur ce qu'ils vont dire.

La guerre !

Qui la déclarerait ?

Contre quel ennemi ?

Isolément, ou avec quels alliés ?

La Russie contre la Turquie ?

Que ferait l'Autriche ?

Demeurerait-elle immobile ?

S'allierait-elle à la Russie toute-puissante contre la Turquie impuissante, ou à la Turquie et à l'Angleterre contre la Russie ?

Est-ce qu'il ne suffirait pas que la Russie levât le bout de l'un de ses doigts contre la Turquie pour que toutes les populations chrétiennes de l'empire ottoman se levassent aussitôt contre ses populations musulmanes ? Ce serait un écroulement sans combat.

La Russie et l'Autriche unies contre la Turquie, ce serait une condamnation à mort et une exécution, ce ne serait pas une guerre.

La Russie contre le gouvernement turc, soutenu par l'Autriche et l'Angleterre, ce serait la Russie ayant avec elle l'Allemagne, la France, l'Italie ; ce serait le démembrement de l'empire d'Autriche en même temps que celui de l'empire de Turquie, et, par suite, le relèvement de la France.

Donc la France, dans aucune des combinaisons susceptibles d'être judicieusement prévues, n'aurait rien à appréhender de la guerre, dont les baissiers des Bourses de Londres et de Paris ont répandu l'alarme.

Cette guerre n'aurait de péril pour la France que si la France, oublieuse de sa funeste expédition de 1854, commettait la faute de s'allier avec l'Angleterre et l'Autriche en faveur de la Turquie contre la Russie et l'Allemagne, dont l'étroite union se resserrerait encore plus étroitement par cette faute.

Mais la France avertie ne la commettra pas.

Car non-seulement la France n'aurait rien à redouter d'une guerre qui, du même coup, effacerait de la carte de l'Europe l'empire d'Autriche et l'empire de la Turquie, comme en ont été effacés le royaume de Hanovre et le grand-duché de Nassau, mais elle ne pourrait avoir qu'à y gagner.

En effet, plus la part que l'Allemagne se ferait dans la succession de l'Autriche serait grande, et plus la Russie aurait d'intérêt à ce que la France pesât de nouveau le poids indispensable à l'établissement de l'équilibre sans lequel le désarmement de l'Europe, si impérieusement nécessaire, ne serait pas réalisable.

Mais l'heure où s'accomplira ce redressement immanquable n'a pas encore sonné.

Le refus d'acquiescement de l'Angleterre au mémorandum des trois empereurs d'Allemagne, d'Autriche et de Russie, l'appareillement de sa flotte, l'activité convulsive de ses chantiers maritimes ne sont que la vaine et vaniteuse manifestation d'une politique qui, depuis longtemps, n'a plus de direction ni de rôle.

Quel rôle pourrait être le sien?

Prendre parti pour un gouvernement frauduleusement banqueroutier, qui, n'ayant en Europe que douze cent mille musulmans, impose sa loi et sa détestable administration à huit millions de chrétiens traités de « rajas, de giaours, de chiens »; gouvernement sous lequel règne la polygamie recrutée par l'esclavage (1); gouvernement sous lequel la femme achetée est enfermée; gouvernement sous lequel les généraux s'inclinent devant les eunuques; gouvernement sous lequel le grand eunuque est le second personnage de l'empire; gouvernement enfin sous lequel le despotisme est tombé en idiotisme; est-ce là un rôle digne de la nation qui a glorieusement attaché son nom à l'abolition de la traite des noirs, et qui donne à l'Europe monarchique l'exemple d'une liberté égale à celle dont jouit la grande République américaine : celle des États-Unis?

Il se peut que l'empire turc s'écroule; il se peut que cet écroulement entraine celui de l'empire austro-hongrois; il se peut, au contraire, que cet écroulement profite à ce dernier et le remette en équilibre sur lui-même; mais si ce double écroulement a lieu, il faudra plutôt s'en féliciter que s'en effrayer, car ce sera moins une œuvre de guerre qu'une œuvre de paix.

La paix armée, c'est la guerre expectante.

Ce que réclament à tout prix les intérêts modernes des États, le développement de leur civilisation et l'essor de leur prospérité, c'est la paix méritant enfin son nom, c'est la

(1) En novembre 1854, le *Moniteur universel* reproduisait deux firmans du Sultan qui, interdisant le commerce des esclaves en Circassie, s'exprimaient ainsi :

« L'homme est la plus noble des créatures sorties des mains de Dieu, qui lui a donné sa part de bonheur en lui accordant la grâce de *naître libre*. »

A l'occasion de ces firmans, le journal *la Presse* faisait cette réflexion :

« Si ce ne sont pas là seulement des phrases destinées à rester stériles, que S. H. le Sultan donne un grand exemple en renonçant à avoir un harem! Il faut que les souverains mettent leurs actes d'accord avec leurs paroles! Autrement, comment ajouter foi à ce qu'ils déclarent? »

La preuve que le journal *la Presse* avait raison, même à cette époque, de se défier des beaux firmans et des belles promesses du gouvernement turc, c'est que le Sultan a conservé son harem recruté d'esclaves, et ses eunuques.

S'il n'y peut être aboli, que l'esclavage subsiste en Asie et en Afrique, mais qu'il ne subsiste plus en Europe! Qu'il n'y ait plus en Europe ni hommes qu'on châtre, ni femmes qu'on vend!

paix portant en elle-même ses garanties de stabilité, et pouvant, sans risque aucun, être le désarmement.

Une guerre locale et loin de nous est possible ; une guerre générale, menaçant de s'étendre jusqu'à nous, ne l'est pas.

Soyons prudents, mais ne soyons pas inquiets.

III

LA PAIX

8 juin 1876.

Faute d'argent et faute de crédit pour entreprendre une guerre qui ne tarderait pas à devenir européenne, la paix est une nécessité impérieuse qui s'impose à toutes les grandes puissances, sans en excepter l'Allemagne.

Le temps n'est plus où il suffisait de risquer au jeu de la force et du hasard deux ou trois cents millions ; maintenant la partie ne peut plus s'engager et se jouer qu'à coups de milliards ; c'est ce qui rend, en Europe, la guerre, sinon impossible, au moins improbable.

S'il en est ainsi, comment expliquer que l'Allemagne et l'Italie écrasées sous le poids de leurs impôts, comment expliquer que la France et la Russie ayant encore de très-grosses sommes à demander aux emprunts, ne s'empressent pas de saisir l'occasion que leur offre le double éboulement de l'empire turc et de l'empire austro-hongrois, pour conclure entre elles quatre une alliance dont l'objet serait le désarmement européen fondé sur un nouveau partage européen ?

Où serait l'objection, où serait le risque, où serait le péril ?

A cette demande expresse point de réponse précise.

La Turquie et l'Autriche eussent-elles l'appui de l'Angleterre, ainsi qu'on le prétend, que pourraient-elles contre la quadruple alliance de l'Allemagne, de la France, de l'Italie et de la Russie ?

Qui se souvient qu'en 1853 l'Angleterre eût paisiblement laissé l'empereur Nicolas occuper Constantinople, si elle n'eût été puissamment remorquée par l'initiative de la France, qui se souvient qu'en 1870 cette même Angleterre n'a rien tenté pour empêcher que son allié de Crimée fût mutilé par la Prusse, qui a gardé ces deux souvenirs, ne tient sérieusement compte de la Grande-Bretagne qu'alors qu'il s'agit de conclure avec elle des contrats d'échange ou des modifications de tarifs.

Dans toutes les hypothèses, dans toutes les prévisions de ma pensée, je laisse donc à l'écart le Royaume-Uni et les manifestations de sa marine, manifestations dont l'objectif n'est pas le maintien de l'empire ottoman, mais la nécessité de conserver le plus intact possible le prestige britannique aux yeux des sujets musulmans qui peuplent son empire des Indes. Et en raisonnant ainsi je crois être dans le vrai. Je sais par expérience que souvent rien n'est moins semblable que le fond des choses et leur surface.

Les avantages de la quadruple alliance telle que je la conçois ne seront contestés par personne ; ce qui pourra être contesté, ce sera la possibilité de parvenir à mettre d'accord les quatre cabinets de Berlin, de Pétersbourg, de Rome et de Versailles, quoiqu'ils aient le même intérêt et qu'ils n'en aient pas d'opposés qui les divisent.

L'Allemagne est encore à l'état d'ébauche ; sous le rapport de l'unification, l'œuvre du prince de Bismarck est moins avancée et moins fermement assise que l'œuvre du comte de Cavour. L'unité germanique est un fruit qui a besoin pour mûrir des ardents rayons du soleil de la prospérité. Or, ces rayons lui font absolument défaut.

Ayant le suffrage universel pour axe de son gouvernement, la France, sous peine de remettre en question la forme républicaine, est nécessairement, impérieusement tenue d'accomplir, au moins, certaines réformes financières et fiscales; et d'empêcher le ralentissement du travail, conséquemment de compléter, sans retard, son réseau de voies de transport et de communication, de transit et d'échange.

L'Italie, sans parvenir à le trouver, continue d'être laborieusement à la recherche de l'équilibre de son budget. Elle a atteint, sinon déjà dépassé, la limite extrême de l'impôt, ce qui l'a contrainte d'ajourner des dépenses utiles qui eussent été fécondes.

Éclairée par la leçon de Sébastopol qu'elle a su mettre à profit, la Russie sème pour recueillir, mais son immense territoire est si vaste que la semence exige, à titre d'emprunts, des avances successives de fonds très-considérables et souvent renouvelées.

On le voit : les quatre cabinets sont aux prises avec les mêmes nécessités d'argent; car s'il est le nerf de la guerre, il est non moins indispensablement le nerf de la paix.

Pourquoi donc l'accord ne s'établirait-il pas entre eux ?

Prétendre que c'est là une espérance qu'on ne saurait concevoir et nourrir sans tomber dans une décevante illusion, ce serait donner raison à l'école révolutionnaire qui proclame que les gouvernements n'ont été imaginés que pour le malheur des nations dont ils seraient le châtiment.

Ne serait-il pas temps que les gouvernements donnassent un éclatant démenti à cette doctrine qui, si elle était vraie, serait la légitimité des révolutions érigée en dogme populaire ?

En effet, si les gouvernements sont moins éclairés que les nations, à quel titre subsisteraient-ils ?

Les gouvernements arriérés, les gouvernements dilapidateurs, les gouvernements arbitraires, les gouvernements de bon plaisir, enfin les mauvais gouvernements, sont tous fatalement condamnés à avoir successivement le sort de celui du sultan Abdul-Aziz-Khan. Ils sont tous condamnés à tomber et à périr.

Les temps sont proches où il faudra absolument que les gouvernements soient à la hauteur de leur tâche.

Si cette tâche n'est pas tout au moins l'instruction des peuples et leur bien-être, quelle est-elle?

Et comment l'accompliront-ils, si la paix n'est que la guerre intermittente, si, au lieu d'être le désarmement graduel, elle est l'armement à outrance et aboutissant, selon l'expression de Montesquieu, à « l'éreintement des États »?

Je le répète, jamais occasion plus propice ne s'est offerte aux grandes puissances européennes de couronner l'édifice dont la première pierre a été solennellement posée, en mars 1856, par le Congrès de Paris.

Substituer la paix systématisée et inébranlable à la paix armée et précaire, quelle gloire immortelle ce serait pour les deux chanceliers, le chancelier d'Allemagne et le chancelier de Russie, le prince de Bismarck et le prince Gortschakoff!

La tentation de mériter cette gloire vraie ne leur viendra-t-elle pas?

Que gagneront-ils à s'efforcer de perpétuer en Turquie et en Autriche un état de choses qui, par son essence même, ne saurait plus tenir debout?

Assez et trop longtemps le poids de la Turquie a faussé les balances de l'Europe.

Il faut en finir avec ce que l'irréflexion nomme encore « l'intégrité de l'empire ottoman ».

Le plus tôt sera le mieux.

Point d'illusions qui ne tarderaient pas à n'être fécondes qu'en déceptions!

Ce que n'ont pas su faire, ce que n'ont pu faire, ce que

n'ont pas fait ses devanciers, le nouveau sultan ne le fera pas.

Comment le ferait-il ? Par quels moyens réussirait-il à rendre au gouvernement ottoman son crédit irréparablement perdu et sa réputation de loyauté et de probité à jamais détruite ?

Sans voies de transport, de transit et de communication, que vaut, en Europe, le territoire turc ? Comment le mettre en valeur ? Comment tirer ses habitants de leur état d'ignorance et de barbarie ?

Si la situation extrême de la Turquie est irrémédiable, si la situation de l'Autriche est presque aussi fâcheuse, la question se pose finalement en ces termes : Qu'y a-t-il à faire de ces deux empires tombant en ruine, pour que leurs ruines servent de fondements à la paix européenne ?

IV

LA POLITIQUE DE 1854

12 juin 1876.

Que veulent les journaux qui combattent la politique que je soutiens ? Que veut l'Angleterre, avec laquelle ils désirent que la France fasse cause commune dans la question qu'ils appellent, eux, la *Question d'Orient*, et que, moi, je nomme l'*Alliance du désarmement européen ?*

Ils veulent, et l'Angleterre veut, je ne dis pas le maintien de la politique de 1854, je dis son rétablissement, puisque les articles 11 et 13 du Traité général du 30 mars 1856 ont été annulés en 1871, nonobstant cette clause expresse :

La convention annexée au présent traité ne pourra être ni annulée ni modifiée sans l'assentiment des puissances signataires du présent traité.

Ce que cette politique a coûté à la France, en hommes et en argent, je l'ai dit; elle lui a coûté la vie de cent mille de ses meilleurs soldats et quinze cents millions d'argent empruntés au détriment de son budget de l'instruction publique et de son budget des travaux publics.

Ce que cette politique a rapporté à la France, ce qu'elle a rapporté à l'Europe, ce qu'elle a rapporté aux sujets non musulmans de la Sublime Porte, ce qu'elle a rapporté même à l'Angleterre, je le demande.

La politique de 1854, la politique de l'expédition de Crimée entreprise par la France, la Grande-Bretagne et le Piémont, a abouti au traité de Paris du 30 mars 1856, mais à quoi finalement ont abouti ce traité et ses vingt-quatre protocoles ?

Que sont devenus les engagements solennels pris par Mohammed Emin Aali Pacha, grand vizir de l'empire ottoman, au nom de son souverain S. M. Abdul-Medjid-Khan, empereur des Ottomans, engagements écrits tout au long dans le hatti-chériff du 18 février 1856, lequel rappelait et confirmait le hatti-humayoun de Gulhané et les lois du Tanzimat ?

Ces engagements solennels ont eu le même effet que s'ils n'avaient pas été contractés.

Quels engagements à la fois plus précis et plus étendus pourraient être demandés au gouvernement turc ? Quelles garanties plus efficaces, quelles garanties moins illusoires pourraient être exigées de lui ?

Je vois bien que la Porte Ottomane a créé à Paris la Banque impériale ottomane : mais à quoi cette Banque a-t-elle servi, si ce n'est à pomper les « capitaux de l'Europe » et à piper l'épargne française ?

Je vois bien que, sous le règne seulement de S. M. le sultan Abdul-Aziz-Khan, la Sublime-Porte a daigné emprunter à l'Europe plus de quatre milliards (1), mais à la création de quels chemins, de quelles routes, de quels canaux ces quatre milliards ont-ils servi ?

Ils ont été malhonnêtement dilapidés.

Que représentent les quatre milliards que doit la Turquie ? Ils représentent la banqueroute frauduleuse du 6 octobre 1875, effrontément et impunément déclarée.

Et maintenant que la Turquie n'a plus ni argent ni crédit, comment peut-on s'abuser jusqu'à croire que ce qu'elle n'a pas fait de 1856 à 1876, sous les deux règnes d'Abdul-Medjid et d'Abdul-Aziz, et sous les trois vizirats de Réchid-Pacha, d'Aali-Pacha et de Fuad-Pacha, elle le pourra faire sous le règne de Mourad V, avec Fuad-Pacha, Aali-Pacha et Réchid-Pacha de moins ?

Pour quiconque a des yeux, il est manifeste que l'empire turc tombé aussi bas qu'il est tombé ne se relèvera pas, ne pourra pas se relever, ni par lui-même, ni par le concours d'aucune puissance quelle qu'elle soit.

(1) A la mort d'Abdul-Medjid, la Turquie avait une dette d'environ 375 millions de francs, qui exigeaient chaque année environ 15,500,000 francs pour le payement des intérêts, et 8,500,000 francs pour l'amortissement.

Le sultan Abdul-Aziz a contracté les dettes suivantes :

En 1862	205.000.000 fr.
1863	150.000.000
1864	50.000.000
1865	909.000.000
1866	150.000.000
1868	150.000.000
1869	555.000.000
1870	792.000.000
1871	142.500.000
1872	278.200.000
1873	694.400.000
Total	4.071.800.000

Le hatt impérial signé Mourad débute ainsi :

Par la grâce du Très-Haut et les vœux UNANIMES *de tous nos sujets*, Nous sommes monté sur le trône de nos ancêtres.

Ce hatt impérial adressé par le prisonnier de la veille à « son illustre vizir » Mehemmed-Ruchdi-Pacha, le traître qui, le matin même du jour de la conspiration ourdie par lui, était le non moins « illustre vizir » d'Abdul-Aziz, est dérisoire. Il est bouffon. Le vaudeville de la *Grande-Duchesse* représenté à Paris sur le théâtre des Variétés n'était pas plus comique.

Ce qui étonne, c'est qu'un pareil spectacle donné à la diplomatie européenne puisse être pris au sérieux par elle et par la presse française.

Ce qui étonne, c'est qu'après la coûteuse et fâcheuse expérience de 1854-1856, il se trouve encore, en France, des ministres et des publicistes pour vouloir maintenir systématiquement, obstinément, aveuglément, ce qui perpétue en Europe l'instabilité, l'antagonisme, la défiance et cet état de paix armée que Montesquieu a justement flétri en le nommant « l'éreintement des États ».

Aussi longtemps que ne sera pas vidée, non la question de l'intégrité de l'empire ottoman, mais la question de son effacement de la carte d'Europe, la paix féconde, la paix qui est la transformation de la guerre, la paix qui est la guerre contre tout ce qui fait obstacle à l'instruction des peuples, à leur bien-être, à l'accroissement de leur vie moyenne, à l'échange de leurs produits, à la facilité et à la rapidité des voies de communication, enfin à la civilisation, la paix, la vraie paix ne régnera pas en Europe.

Contre la quadruple alliance de l'Allemagne, de la France, de l'Italie et de la Russie, qui serait, je me plais à le répéter, l'alliance du désarmement européen, qu'objecte-t-on ?

BIBLIOTHÈQUE NATIONALE IMPRIMÉS

On objecte :

Qu'elle ne serait pas réalisable ;

Qu'elle serait nuisible à nos intérêts nationaux.

En quoi ne serait-elle pas réalisable s'il entrait dans l'esprit du prince Gortschakoff et du prince de Bismarck de vouloir bien la réaliser ?

En quoi ne serait-elle pas réalisable si l'Allemagne et la Russie avaient l'une et l'autre à la réaliser le même intérêt commun ?

Cette résolution prise par eux, qui y mettrait obstacle ?

Serait-ce l'Italie ?

Non, assurément.

Pourquoi serait-ce la France? N'y gagnât-elle, ce qui est improbable, aucune restitution de territoire, n'y gagnât-elle que le désarmement de l'Europe, lequel lui permettrait de désarmer et d'appliquer toutes les ressources de son budget à l'achèvement de ses chemins communaux, de ses chemins de fer, de ses canaux, à l'amélioration de ses rivières, de ses fleuves, de ses ports, à la réforme nécessaire et impérieusement urgente de son détestable système d'impôts, ce serait là déjà un grand progrès et un immense bienfait. Mais dès que l'Allemagne et la Russie, dès que le prince de Bismarck et le prince Gortschakoff seraient entrés dans cet ordre d'idées, la prévoyance, sinon l'équité, les conduirait spontanément à faire la part de la France. Comment le comte de Cavour est-il parvenu à la réalisation de l'œuvre qui l'a immortalisé ? N'est-ce pas d'abord en se glissant presque inaperçu entre l'Angleterre et la France, dans l'expédition de Crimée, laquelle lui a ouvert les portes du Congrès de Paris ? N'est-ce pas en s'abstenant de mettre prématurément en avant l'idée de l'unité italienne qui, s'il eût commis l'imprudence d'en prononcer le nom, eût tourné contre lui non-seulement l'Autriche, mais le Congrès tout entier ?

Le triomphe du comte de Cavour, le triomphe du Piémont, ce petit royaume qui venait d'être si impitoyablement fustigé sous les verges autrichiennes, a été le triomphe de la prudence, de la patience et de la vigilance. Pourquoi n'imiterions-nous pas cette vigilance, cette patience, cette prudence? Si la politique n'est pas un vain mot, qu'elle nous serve donc à sortir de l'ornière creusée sous le règne du roi Louis-Philippe, et sous celui de l'empereur Napoléon III, par les partisans de l'Alliance anglaise, cette fausse alliance à laquelle nous avons fait tant de sacrifices, en échange desquels nous n'avons reçu, en 1870, aucun concours, à peine une marque de sympathie.

Si nous étions assez insensés pour la renouer, où cette alliance nous conduirait-elle ?

Elle nous ramènerait à l'abîme de 1870 par l'ornière de 1854.

Entre l'isolement de l'Angleterre, État insulaire, et l'isolement de la France, État continental, mon patriotisme ne saurait hésiter.

V

LES DEUX POLITIQUES

10 juin 1876.

Deux politiques sont en présence :

Celle des hommes menés par les événements ;

Celle des événements menés par les hommes.

Je combats la première ;

Je soutiens la seconde.

Présentement, et quoique la puissance d'initiative qui caractérise M. de Bismarck rende le fait invraisemblable, la

2.

première de ces deux politiques s'ingénie à nouer une alliance entre l'Allemagne, l'Autriche et la Grande-Bretagne, en faveur de ce qu'il était convenu d'appeler « l'intégrité de l'empire ottoman », nonobstant toutes les graves atteintes qu'elle a successivement subies.

La seconde se proposerait de nouer une alliance entre l'Allemagne, la France, l'Italie et la Russie, visant le désarmement européen, au moyen d'un partage européen qui effacerait de la carte d'Europe et l'empire ottoman et l'empire austro-hongrois.

En réalité, la première de ces deux politiques n'en est pas une, puisqu'elle est à la merci d'un événement, moins que cela, d'un incident ; aussi ne s'expliquerait-on pas que M. de Bismarck désertât le drapeau de la quadruple alliance (Allemagne, France, Italie, Russie), pour aller se ranger sous le drapeau de la triple alliance (Allemagne, Angleterre, Autriche).

Une alliance de garde-malades !

Ce rôle pieux de sœur de charité est un aspect sous lequel on n'eût pas soupçonné que M. de Bismarck pût jamais se montrer.

Le vrai, je le sais, peut être invraisemblable ; mais, je le sais aussi, l'invraisemblable est rarement vrai.

Non, non, je ne croirai jamais qu'ayant à donner à son grand œuvre de la « grande patrie allemande » l'unité compacte qui lui manque encore, M. de Bismarck, au lieu de hâter le dénoûment qu'il doit souhaiter ardemment, se complaise à le retarder indéfiniment et se condamne volontairement à l'impuissance.

Qu'aurait à gagner le chancelier de l'empire germanique à étayer, avec l'assistance de l'Angleterre, l'empire turc tombant en ruine, à prolonger l'agonie de l'empire austro-hongrois et à détendre les liens d'étroite intimité qui l'unissent à la Russie ?

Sous le masque imposteur de « l'équilibre européen », ne sont-ce pas ces deux empires vermoulus qui ont été le plus grand obstacle à la stabilité européenne et au désarmement européen ?

Non-seulement le maintien inconsidéré de la prétendue intégrité de l'empire ottoman nous a coûté, en 1854, la fleur de notre population, la perte de cent mille de nos meilleurs soldats, et de quinze cents millions d'argent empruntés au détriment de tous nos grands travaux publics, mais elle nous a coûté encore la perte de l'alliance russe dont la conservation scrupuleuse nous eût valu la restitution de notre frontière rhénane.

Sans la domination abusive de l'Autriche sur l'Italie, deux guerres ne se fussent pas allumées : la guerre de la France contre l'Autriche en 1859, et la guerre déclarée à l'Autriche par la Prusse en 1866.

Que gagnerait l'Allemagne, par une rupture avec le gouvernement russe, à le jeter dans les bras de la France, et à jeter celle-ci dans les bras du gouvernement russe ?

Au lieu du désarmement de l'Europe, ce serait plus que jamais son armement excessif et ruineux, son armement à outrance et à perpétuité.

Et dans quel but ?

Dans le but de maintenir sous le joug mahométan des populations chrétiennes qui, délivrées de ce joug, ne tarderaient pas à effacer la tache que fait l'empire turc sur la carte de la civilisation européenne.

M. de Bismarck est doué d'une perspicacité naturelle et d'une expérience trop grandes pour qu'il lui soit possible sérieusement et sincèrement de croire que les promesses faites par le nouveau sultan Mourad V seront mieux tenues et que les garanties offertes par lui seront plus efficaces que celles de ses devanciers Abdul-Medjid et Abdul-Aziz.

Alors à quoi bon perdre un temps précieux à élaborer de

vains mémorandum dont l'unique effet est de déconsidérer la diplomatie aux yeux des peuples qui la payent ?

S'il était vrai, ce qui est invraisemblable, qu'ayant le choix entre la quadruple alliance de l'Allemagne, de la France, de l'Italie et de la Russie, et la triple alliance de l'Allemagne, de l'Autriche et de la Grande-Bretagne, M. de Bismarck eût opté pour celle qu'il devait repousser, le Cavour prussien ne serait plus à la hauteur de la réputation de ministre immortel que lui ont faite les événements de 1866 et de 1870.

Il doit le savoir ! Deux choses sont aussi impossibles l'une que l'autre : rendre la vie au cadavre ottoman et l'ôter à la France rentrée en pleine possession de ses destinées. Trois fois, en 1814, en 1815 et en 1871, des vainqueurs ont pu la rançonner, ont pu la mutiler, ont pu l'amputer, mais il n'a été et il ne serait au pouvoir d'aucun de la tuer. Une nation compacte de trente-six millions de cœurs vaillants, de soixante-douze millions de bras laborieux, peut avoir des alternatives de grandeur et de déclin, mais elle ne périt pas. Quel État serait assez téméraire pour entreprendre de l'absorber ? Quels États rivaux parviendraient à s'entendre pour se la partager ?

La triple alliance de l'Allemagne, de l'Autriche et de la Grande-Bretagne, ce serait l'instabilité dans l'immobilité, ce serait la politique des hommes aveuglément menés par les événements.

La quadruple alliance de l'Allemagne, de la France, de l'Italie et de la Russie, ce sera la politique des événements habilement menés par les hommes.

Entre ces deux politiques, un homme tel que M. de Bismarck n'a jamais pu hésiter un seul instant.

VI

L'INTÉRÊT DE L'EUROPE

16 août 1876.

S'il ne suffit pas de l'avoir achetée au prix de la vie de deux cent mille vaillants soldats anglais et français et de trois milliards en francs et en guinées, à quel prix faudra-t-il donc payer l'expérience ?

C'est la question que je me permettrai d'adresser au *Journal des Débats*, qui trouve tout simple et parfaitement juste que le gouvernement turc n'ait tenu aucun des engagements qu'il avait solennellement pris en février 1856, à l'égard des huit millions de chrétiens de la Turquie d'Europe, laquelle, je ne me lasserai pas de le répéter, ne compte que douze cent mille musulmans.

L'idéal du *Journal des Débats*, de l'ancien organe, en 1847, des « conservateurs bornes », c'est le *statu quo ante bellum.*

Je m'efface pour lui laisser la parole :

L'intérêt de l'Europe est ce qu'il était avant la guerre : c'est le maintien du *statu quo* territorial en Turquie. Seulement, l'Europe prendra sans doute des précautions pour que les ambitions inquiètes des petits princes d'Orient ne menacent pas de troubler de nouveau la paix générale. Ces ambitions démesurées ont été entretenues par deux causes : la détestable administration du gouvernement ottoman et les illusions toujours croissantes que les princes chrétiens se faisaient sur leurs propres forces. Il est important que ces illusions soient dissipées, et lorsque la Porte demandera la réduction des armées serbes et le démantèlement de quelques forteresses, ces demandes devront être appuyées ; mais il ne suffira pas à la Porte d'avoir remporté des victoires militaires, il faudra qu'elle remporte sur elle-même une victoire plus difficile encore. *Une réforme intérieure est indispensable* dans le gouvernement turc, et surtout dans l'administration des provinces. *Si cette réforme ne se fait pas, le mal chronique dont la Porte vient d'éprouver une crise nouvelle l'emportera bientôt.*

En quoi, je voudrais bien le savoir, l'Europe est-elle intéressée à ce qu'une partie de son sol, partie exceptionnellement favorisée de la nature, soit occupée par des Turcs qui la condamnent à la stérilité et à la pauvreté, faute de voies de transport et de communication ?

En quoi, je voudrais bien le savoir, le maintien du « *statu quo* territorial en Turquie » peut-il intéresser l'Europe, lorsque, depuis cinquante ans, ce maintien n'a cessé d'être, notamment en 1829, en 1830, en 1832, en 1833, en 1840, en 1853, en 1866 et encore en 1876, une cause perpétuelle d'instabilité, une source intarissable d'inquiétudes?

Est-ce qu'au contraire l'intérêt de l'Europe n'est pas de tarir cette source d'inquiétudes et de détruire cette cause d'instabilité ?

Le 12 octobre 1853, M. Gladstone assistait à Manchester, en qualité de chancelier de l'Echiquier, à l'inauguration de la statue de Robert Peel.

Après avoir rendu hommage au grand homme d'État, au grand homme de bien, dont l'image était devant ses yeux, il abordait la question du jour, la question décorée de ce nom : « l'intégrité de l'empire ottoman », qui est demeurée en 1876, comme en 1853, à l'état de plaie européenne.

Les paroles suivantes, détachées de son discours, viennent ici à propos :

En parlant de l'intégrité et de l'indépendance de l'empire ottoman, nous n'attachons pas à cette expression le même sens que s'il s'agissait de l'Angleterre ou de la France, parce que nous savons que cette expression d'indépendance de l'empire ottoman s'applique à un empire plein d'anomalies, plein de misères, plein de difficultés, empire qui, TOUS LES CINQ ANS, depuis que nous sommes au monde, *est pour l'Europe un sujet de discussions et d'intervention.*

A la même époque, Richard Cobden, traitant le même sujet, allait plus loin que M. Gladstone, car il déclarait que le devoir de l'Angleterre, au lieu de combattre la Russie, était de se joindre à elle pour défendre les chrétiens.

Le 5 juillet 1876, dans la séance de la Chambre des Communes, appuyant la motion de M. Jenkins, M. John Bright répondait à M. Disraéli :

Si la politique du gouvernement est de maintenir l'intégrité de l'empire ottoman par le sacrifice de l'argent et du sang anglais, je crois qu'après une expérience de vingt années on ne trouvera pas une portion considérable de la nation pour soutenir le gouvernement dans cette politique. S'il est de la politique du gouvernement de donner sa protection et son appui moral aux Turcs, même dans leur opposition aux luttes de quelques-uns des sujets de la Porte essayant de s'affranchir de leur domination, dans ce cas, je pense que le peuple de ce pays ne soutiendra pas le gouvernement. (Acclamations.)

En tant qu'il reste neutre, en tant qu'il consent à ne pas intervenir dans la grande lutte qui est inévitable et qui ne doit être décidée que par la force, je crois que la grande masse de l'opinion publique appuiera le gouvernement.

Je n'ai pas l'intention d'entrer dans une longue discussion à ce sujet, ni de formuler une politique spéciale ; mais je supplie le gouvernement de ne pas poursuivre une voie qui pourrait l'entraîner dans des complications analogues à celles de 1854, pour constater finalement qu'il n'y a pas d'autre moyen d'en sortir qu'une guerre qui a été injuste dans son commencement, désastreuse dans son cours et ignominieuse dans sa conclusion.

MM. Fawcett et Kenealy s'associaient à ce discours, en réclamant la communication immédiate des pièces diplomatiques, et en exprimant le vœu « que le sang anglais ne fût pas versé pour le maintien de la Turquie ».

Est-il juste de qualifier du nom d'illusions coupables les aspirations de populations subjuguées risquant leur vie pour reconquérir leur nationalité perdue, leur liberté, leur dignité? De tels efforts ne sont-ils pas héroïques et ne méritent-ils pas d'être loués plutôt que blâmés?

Mais où l'article du *Journal des Débats* est profondément marqué au coin de l'inconséquence, c'est lorsque, après avoir dit « qu'une réforme intérieure est indispensable en Turquie », il ajoute que « *si cette réforme ne se fait pas, le mal chronique dont la Porte vient d'éprouver une crise nouvelle* L'EMPORTERA BIENTÔT ».

En 1853, lors de l'expédition de la France en Crimée, la Turquie n'avait pas de dette nationale.

En 1856, elle n'avait encore emprunté que 189 millions; si depuis cette époque, si, depuis vingt ans, elle n'a pu opérer la réforme intérieure qu'elle avait pris l'engagement formel d'accomplir, comment ce qui lui a été impossible sous les grands vizirats de Reschid-Pacha, de Fuad-Pacha, d'Ali-Pacha, lui serait-il possible sous le règne du sultan actuel, avec ses ministres actuels, après avoir ruiné son crédit par une banqueroute de quatre milliards? Est-ce admissible, et est-il raisonnable de le supposer et de l'espérer?

Si une crise nouvelle est inévitable, si cette crise nouvelle doit « *emporter* bientôt la Turquie », à quoi bon une nouvelle crise, à quoi bon de nouveaux massacres, à quoi bon un nouvel égorgement de martyrs préférant mourir plutôt que de continuer à vivre sous l'abrutissante oppression d'un gouvernement dont l'impuissance n'a d'égale que l'incapacité? N'est-il pas plus sage et plus humain d'arrêter tout de suite l'effusion du sang, la dévastation du sol et l'incendie des villes, en posant à la Turquie l'ultimatum dont j'ai donné les termes?

Lorsqu'il a inséré l'article dans lequel il prend la défense du *statu quo ante bellum*, en concluant comme il conclut, il fallait que le *Journal des Débats* n'eût pas lu l'adresse des softas à Midhat-Pacha, dans laquelle les promoteurs de la révolution du sérail qui a coûté le trône et la vie à Abdul-Aziz s'expriment ainsi :

Nous avons soumis les chrétiens et conquis le pays avec l'épée, et nous ne voulons point partager avec eux l'administration de l'empire, non plus que les laisser prendre part à la direction du gouvernement.

Quant à la participation des chrétiens au gouvernement, c'est une impossibilité. Nous devons le déclarer bien haut.

Cette déclaration, qui a le mérite d'être franche, est l'expression naïve des sentiments du peuple turc qui, dans son suprême mépris pour tout ce qui n'est pas musulman, persiste plus que jamais à nous appeler *kiopeks, giaours,* et à ne voir en nous que des *chiens.*

Après l'expédition de 1854 et ses misérables résultats, prétendre encore que l'intérêt de l'Europe exige que les Turcs continuent de camper en Europe, c'est ce que tout le talent de MM. les rédacteurs du *Journal des Débats* ne saurait faire admettre.

Je proteste.

VII

L'INTÉGRITÉ DE L'EMPIRE OTTOMAN

17 août 1876.

Je laisse à l'écart la Turquie d'Asie et l'Afrique, où les musulmans sont au nombre de 22 millions et les chrétiens au nombre de 3,500,000.

Il ne s'agit ici que de la Turquie d'Europe où, non compris les provinces tributaires, les musulmans sont au nombre de 1,200,000 et les chrétiens au nombre de 8,660,000.

La Turquie d'Europe n'est qu'un faisceau de populations vaincues et asservies. De quelles populations vaincues et asservies se compose-t-il ?

Il se décompose ainsi qu'il suit :

Albanie ;

Bosnie ;

Bulgarie ;

Candie et îles de l'Archipel ;

Croatie ;

Herzégovine ;

Roumélie ;

Thessalie.

L'Albanie, sous Scanderberg, jusqu'au quinzième siècle, avait résisté héroïquement aux Turcs ; ce n'est qu'au seizième siècle qu'elle succomba sous leur nombre ; mais les Albanais, restés chrétiens, n'ont discontinué de protester contre cette dénomination dégradante.

La Bosnie, à plusieurs reprises, sous Voulkan, sous Étienne Tvarko, avait été un État indépendant, elle ne cessa de l'être qu'en 1528, après avoir été incorporée à l'empire ottoman par Soliman II.

La Bulgarie, dont le dernier roi, Sisman, fut tué par Bajazet Ier, compte à peine 300,000 musulmans sur 4,500,000 chrétiens grecs et 60,000 catholiques, ensemble 4,560,000.

Candie, l'île de Crète, possédée successivement par les Génois et les Vénitiens, qui la gardèrent jusqu'en 1669, est tombée, après vingt-cinq ans de guerre, au pouvoir des Turcs, contre lesquels elle s'est soulevée en 1866, et sous lesquels elle frémit de nouveau.

La Croatie turque forme avec la Bosnie l'eyalet de Bosna.

L'Herzégovine, avant d'être cédée à la Turquie par l'Autriche, en 1699, avait fait successivement partie intégrante de la Croatie et de la Bosnie.

La Roumélie, formée de l'ancienne Thrace et de la Macédoine, après s'être appelée, en 1204, le royaume de Thessalonique, après être revenue aux empereurs grecs, a été une conquête des Turcs ottomans, laquelle date du quatorzième siècle.

La Thessalie, après avoir été un royaume indépendant sous Boniface de Montferrat, un des principaux chefs de la croisade, est devenue, en 1365, l'une des proies des Turcs.

Si le Sultan cessait de régner à Constantinople, ce qui pourrait arriver de pis aux provinces qui forment son faisceau européen, ce serait de rentrer en possession de l'autonomie que chacune d'elles a possédée, sauf à former d'abord entre elles une confédération, et plus tard à s'unifier, ainsi que cela est arrivé en Allemagne. Avant le décret de Ratisbonne de 1803, l'Allemagne se composait de 517 États, qui furent successivement réduits à 147, à 31 et enfin à 24. Les noms de ces 517 États ne sont plus que des épitaphes inscrites sur les dalles mortuaires de cet immense cimetière qui s'appelle orgueilleusement l'Histoire.

Où serait l'objection ? où serait le mal, si le détroit des Dardanelles était désarmé et neutralisé conformément à ce principe : LA MER LIBRE COMME L'AIR, et si Constantinople, occupé par une garnison européenne dont le contingent serait fourni par chacune des puissances garantes du traité de mars 1856, était déclaré ville libre et port franc ?

Nous avons tous grandi et vieilli dans la pensée que Constantinople était la clef de voûte de « l'équilibre européen » ; des hommes tels que l'empereur Napoléon Ier et le grand Chatham l'avaient proclamé ; cela avait suffi pour que le monde entier le répétât sans examen et le crût sur parole.

Cependant rien n'était, rien n'est encore moins vrai.

Le jour où la Turquie d'Europe sera ensevelie dans le même tombeau que l'ancien royaume de Pologne, la Russie, quoi qu'on en ait pu dire, n'en sera pas plus forte, et l'Angleterre ni la France n'en seront pas plus faibles. Auront-elles à la mer un vaisseau de moins ? leurs manufactures et leurs fabriques auront-elles de redoutables rivales de plus ? Loin de là ! de fertiles provinces qui ne consommaient pas consommeront ; elles feront mieux encore, elles produiront, elles exporteront, elles échangeront contre des objets de luxe relatif des objets de consommation journalière qui commencent à n'être plus assez abondants sur le marché anglais et sur le marché français, ce qui se traduit par un excès dans l'élévation des prix.

Le jour où la Turquie d'Europe, traversée par le Danube, baignée par une multitude de fleuves, bordée par la mer Noire, la mer de Marmara et la Méditerranée, aura changé de nom et de gouvernement, le jour où elle aura enfin les routes, les chemins de fer, les canaux qu'elle pourrait et devrait avoir, quel vaste et fertile champ d'opérations elle offrira aux capitaux anglais et français à la recherche de placements sûrs ! quelle transformation ! quelle transfiguration ! quel bienfait pour toute l'Europe !

— Mais l'équilibre européen, que deviendra-t-il ?

— Qu'est-il devenu depuis que la Confédération germanique qui, en 1815, avait succédé à la Confédération du Rhin, instituée en 1803 par l'empereur Napoléon Ier, a cessé d'exister ?

Qu'est-il devenu depuis que le Piémont, ayant absorbé le royaume lombardo-vénitien, le grand-duché de Toscane, le duché de Parme, le duché de Modène, le royaume des Deux-Siciles, les États pontificaux, et établi à Rome sa capitale, a formé ce grand royaume de vingt-sept millions d'habitants qui porte ce grand nom : l'Italie ?

Qu'est-il devenu depuis que la Prusse, s'étant emparée des trois duchés du Sleswig, du Holstein et de Lauenbourg, du port de Kiel, du royaume de Hanovre, de l'électorat de Hesse, du duché de Nassau, de la ville libre de Francfort, — j'en oublie certainement, — de l'Alsace et de la Lorraine, du commandement militaire de toutes les armées germaniques, a formé ce grand empire de quarante et un millions d'habitants qui se nomme triomphalement l'empire d'Allemagne ?

En vérité, il serait temps de changer de vocabulaire diplomatique et de ne plus employer inconsidérément des mots qui, ne signifiant plus ce qu'ils avaient justement signifié, n'ont plus de sens.

L'équilibre européen ayant cessé d'exister, comment pourait-il être détruit, parce que le nom de la Turquie serait effacé de la carte de l'Europe ?

Je pose la question à la diplomatie européenne qui n'a pas perdu l'habitude de parler sans rire de « l'intégrité de l'empire ottoman », comme si cette intégrité existait encore depuis que la Grèce est devenue un royaume, depuis que la Moldavie et la Valachie, s'appelant la Roumanie, ne sont plus reliées à lui que par le fragile lien d'un faible tribut, et depuis que les traités d'Ackerman et d'Andrinople ont consacré l'autonomie de la Serbie !

VIII

ASSEZ, ASSEZ DE MASSACRES !

18 août 1876.

Tous les journaux ont reproduit cette dépêche extraite de la *Correspondance universelle :*

Berlin, 13 août.

La Russie vient de décider formellement, afin de mettre un terme aux actes inhumanitaires des troupes turques, de rompre l'accord de non-intervention conclu à Reichstadt. ELLE DEMANDE DIRECTEMENT LA PAIX A LA PORTE, SAUF A LA LUI IMPOSER EN CAS DE REFUS. Le général Ignatieff a reçu l'ordre de se tenir prêt à rentrer à Constantinople.

Tous l'ont insérée sans adhésion ni protestation.

Serait-elle apocryphe?

J'aime à croire que non.

J'aime à croire que le gouvernement russe, j'aime à croire que l'empereur Alexandre II, j'aime à croire que le prince Gortschakoff, s'associant au généreux élan national du peuple russe, ont enfin signifié au gouvernement turc qu'assez de sang avait été répandu, qu'assez d'atrocités avaient été commises, qu'il était temps d'accorder à l'Herzégovine son autonomie, moyennant tribut, pareillement à la Bosnie, à la Bulgarie et à la Crète, et de signer la paix avec le Montenegro et avec la Serbie, sous peine d'exposer les armées turques à se trouver en présence des armées russes, accourant, toute vitesse déployée, au secours de l'Herzégovine, de la Bosnie, de la Bulgarie, de la Crète, du Montenegro et de la Serbie.

De ces deux choses l'une :

Ou le gouvernement turc s'arrêtera devant cette signification, où il passera outre.

S'il s'arrête devant cette signification, c'est la paix.

S'il passe outre, c'est encore la paix, car quelle est la puissance qui oserait prendre, je ne dis pas les armes, je dis la parole contre l'empereur de Russie, contre Alexandre II, accomplissant ce nouvel acte d'humanité et de civilisation tout à fait digne de son passé et de son caractère?

Assurément ce ne serait pas le gouvernement britannique,

ce ne serait pas le cabinet Disraéli, car le peuple anglais n'aurait pas assez de meetings pour l'accabler de sa juste réprobation et faire écho à la lettre de lord Russell (1) à lord Granville, lettre écrite sous l'invocation de « la liberté civile et religieuse sur toute la surface de la terre », lettre dans laquelle il est dit que, si le triomphe de cette liberté l'exige, « l'Angleterre ne doit pas hésiter à s'allier avec la Russie ».

Assurément ce ne serait ni l'Allemagne ni la France.

Serait-ce l'Autriche? Est-il admissible, est-il vraisemblable qu'ayant laissé prendre à l'empereur Alexandre II le beau rôle, l'empereur apostolique François-Joseph Ier prendrait le rôle odieux et se rangerait du côté des musulmans contre les chrétiens, du côté d'une infime minorité d'oppresseurs contre une immense majorité d'opprimés, du côté du bourreau contre la victime, du côté des égorgeurs contre les égorgés, ceux-ci combattant pour leur foi, combattant pour conquérir le même affranchissement que celui dont la Roumanie, quoique vassale, est en possession?

(1) Pembroke-Lodge, Richmond-Park, 3 août.

Mon cher lord Granville,

J'ai lu avec intérêt les débats du Parlement sur les affaires d'Orient, et spécialement le discours de M. Gladstone et le vôtre.

Mais j'avoue que je ne puis trouver aucun but sérieux à ces morceaux d'éloquence. Cela ressemble trop au vieux jeu de « Joe Miller ». — Que faites-vous, Tom? — Rien, monsieur. — Et vous, Jacques, qu'est-ce que vous faites? — J'aide Tom, monsieur. » Il me semble qu'ayant notre flotte à Besika et notre ambassadeur à Constantinople, nous devrions insister pour la *cessation immédiate des atrocités que l'on commet en Bulgarie et dans d'autres parties de l'empire ottoman.*

Il suffirait pour y arriver de débarquer un millier d'hommes de notre flotte; et, s'ils échouaient, on leur donnerait des renforts. ENFIN, SI NOUS NE POUVIONS EMPÊCHER LES TURCS D'ÊTRE CRUELS ET BARBARES, NOUS DEVRIONS NOUS ALLIER AVEC LA RUSSIE ET COMBINER LES MOYENS D'ACCOMPLIR NOTRE BUT. La devise du parti tory, c'est la *liberté civile et religieuse sur toute la surface de la terre.* Je n'abandonnerai pas cette cause.

Votre fidèle,

RUSSELL.

Non, non, cela n'est pas admissible ; non, non, cela n'est pas vraisemblable, surtout si le gouvernement russe, si l'empereur Alexandre, dont la parole loyale commande universellement la confiance la plus absolue, avait, avant de tirer son sabre du fourreau, solennellement renouvelé sa déclaration devant l'Europe de ne s'attribuer, en marchant au secours de ses coreligionnaires, d'autre avantage que la gloire de faire cesser une abominable boucherie d'hommes, de femmes et d'enfants.

Donc la Russie, en prenant résolûment, quoique tardivement, l'initiative mentionnée ci-dessus dans la *Correspondance universelle*, ne courrait absolument aucun risque.

Quel risque courrait-elle ? Quel risque de conflagration générale ferait-elle courir à la paix de l'Europe ?

— Aucun, aucun.

Qu'elle n'hésite donc plus ! Assez, assez d'hommes mutilés, massacrés, de femmes violées et éventrées, d'enfants hachés en morceaux ou vendus, de cadavres non inhumés semant le typhus et la peste, de villes incendiées, de populations entières sans abri, chassées de leurs champs, séparées de leurs troupeaux et réduites à mourir de faim !

Je sais par cœur le traité du 30 mars 1856 et son inséparable annexe le hatti-chériff du 18 février ; je connais donc l'objection que pourrait hasarder une diplomatie sans entrailles et sans cœur, sans indignation et sans élan ; mais loin d'être contraire à l'acte d'humanité d'Alexandre II, cette objection sans fondement en serait l'éclatante justification.

Non, non, que la Russie n'hésite pas ! que la Russie n'hésite plus !

Les martyrs de 1876 n'ont pas moins de droits à la restitution de leur liberté et de leur nationalité que les Grecs de 1825 célébrés par lord Byron, le vicomte de Chateaubriand, le général Foy, soutenus, à cette époque, par toute la presse européenne, et délivrés à Navarin, le 20 octobre 1827, par les escadres combinées d'Angleterre, de France et de Russie.

IX

LA CONTRE-ÉPREUVE

18 août 1876.

Non sans douleur, je veux supposer un instant que la dépêche de Berlin extraite de la *Correspondance universelle* soit sans fondement ; non sans regret pour l'empereur Alexandre II, je veux admettre qu'au contraire il soit vrai que la Russie ait déclaré à l'Autriche qu'elle n'interviendrait pas en faveur des huit millions de chrétiens aspirant à s'affranchir du joug abrutissant et désastreux d'un gouvernement qui ne compte en Europe que douze cent mille musulmans ; non sans humiliation pour les six puissances garantes de l'exécution du hatti-chériff de février 1856, je veux condamner ma plume à garder le silence sur tous les actes de barbarie que commet le gouvernement turc, pour punir les populations chrétiennes de ce qu'il n'a tenu à leur égard aucun des engagements solennels qu'il avait pris ; non sans indignation et sans irritation difficiles à contenir, je veux attendre que ces populations vaincues aient été noyées dans le sang, moissonnées par le typhus, la misère et la faim : après?

Après ?

Qu'aura gagné le gouvernement turc à avoir ainsi semé la mort et la dévastation sur son propre territoire, au lieu de se borner à vendre aux populations, justement mécontentes de son impuissance à les protéger efficacement, le droit de se gouverner elles-mêmes, moyennant le payement d'un tribut annuel qu'il eût pu capitaliser et déléguer à ses créanciers, ce qui l'eût aidé à tenir ses derniers engagements et à convertir ainsi en faillite simple sa banqueroute frauduleuse ?

A quel résultat l'injustifiable conduite des puissances garantes du hatti-chériff de février 1856, déclaré par elles de « HAUTE VALEUR », aura-t-elle abouti, sinon à rendre de plus en plus intolérable la situation des huit millions de chrétiens de la Turquie d'Europe, et à prolonger indéfiniment la durée d'un sujet de discorde internationale, d'inquiétude politique et d'instabilité européenne ?

Puisque l'amputation de la Turquie d'Europe, qui ne compte que douze cent mille musulmans, n'est qu'une question de temps, n'eût-il pas mieux valu en finir tout de suite ?

Les puissances garantes du traité de mars 1856 auront-elles jamais une occasion plus propice que celle qui leur était offerte par le gouvernement turc ayant emprunté à l'Europe quatre milliards et trouvant tout simple d'agir comme s'il ne lui devait rien ?

Maintien à perpétuité d'une domination ignare qui est la ruine de toutes les provinces sujettes, en Europe, de la Turquie : — telle est la contre-épreuve qui démontre péremptoirement la justesse de la politique que je soutiens et qui a pour elle les ardentes sympathies du peuple russe et la généreuse approbation du peuple anglais, hautement exprimée par lord Russell.

X

LES PUISSANCES GARANTES

19 août 1876.

Les sept puissances signataires du traité du 30 mars 1855 sont les suivantes, rangées par ordre alphabétique :

L'Autriche ;

La France ;

La Grande-Bretagne ;

La Prusse ;

La Russie ;

La Sardaigne ;

La Turquie.

Par ce traité, conclu à Paris, les six puissances dont les noms précèdent le nom de la Turquie déclaraient (article 7) qu'elles « ADMETTAIENT la Sublime Porte à participer aux avantages du droit public et du concert européens. Le sultan (article 8) déclarait qu'il donnait aux puissances contractantes COMMUNICATION de son firman du 18 février 1856, qui, en améliorant le sort de ses sujets, *sans distinction de religion ni de race,* consacrait ses généreuses intentions envers les *populations chrétiennes* de son empire. Les puissances contractantes déclaraient constater la HAUTE VALEUR de cette COMMUNICATION. »

Que disait le hatti-chériff du 18 février 1856, cette communication « de HAUTE VALEUR » annexée au traité du 30 mars et signée par le sultan Abdul-Medjid-Khan ?

Il disait :

AYANT, PAR LE CONCOURS AMICAL DES GRANDES PUISSANCES, mes nobles alliées, reçu de l'extérieur une consécration qui doit être le commencement d'une ÈRE NOUVELLE, je veux, en augmentant le bien-être et la prospérité intérieure de mon empire, obtenir le bonheur de tous mes sujets, qui sont TOUS ÉGAUX à mes yeux et me sont ÉGALEMENT CHERS.

J'ai donc résolu et j'ordonne la mise à exécution des mesures suivantes :

Les garanties promises de notre part à tous les sujets de mon empire par le hatti-humayoun de Gulhané et les lois de Tanzimat, SANS DISTINCTION DE CLASSE NI DE CULTE, pour la sécurité de leurs personnes et de leurs biens et pour la conservation de leur honneur, sont aujourd'hui *confirmées et* CONSOLIDÉES, et des MESURES EFFICACES sont prises pour qu'elles reçoivent leur PLEIN ET ENTIER EFFET.

... Toute distinction ou appellation tendant à rendre une classe quelconque des sujets de mon empire INFÉRIEURE à une autre classe, à raison du culte, de la langue ou de la race, sera à jamais effacée du protocole administratif. Les lois séviront contre l'usage, entre particuliers ou de la part des autorités, de toute qualification injurieuse ou blessante.

La nomination et le choix de tous les fonctionnaires et autres employés de mon empire étant entièrement dépendants de ma volonté souveraine, TOUS LES SUJETS de mon empire, *sans distinction de nationalité*, seront ADMISSIBLES AUX EMPLOIS PUBLICS ET APTES A LES OCCUPER, selon leurs capacités et leurs mérites, conformément à des règles d'une application générale.

... Les lois pénales, correctionnelles, commerciales et les règles de procédure à appliquer dans les tribunaux mixtes seront *complétées le plus tôt possible et* CODIFIÉES. *Il en sera publié des traductions dans toutes les langues en usage en Europe.*

... L'organisation de la police dans la capitale, dans les villes de province et dans les campagnes, sera revisée de façon à donner à tous les sujets paisibles de mon empire les *garanties* LES PLUS FORTES *de sécurité quant à leur personne et à leurs biens.*

L'égalité des impôts entraînant l'égalité des charges, comme celle des devoirs entraîne celle des droits, les sujets chrétiens et des autres rites non musulmans devront, ainsi qu'il a été antérieurement résolu, aussi bien que les musulmans, satisfaire aux obligations de la loi du recrutement.

... Comme les lois qui régissent l'achat, la vente des propriétés mobilières, sont communes à tous les sujets de mon empire, il pourra être permis aux étrangers de posséder des propriétés foncières dans nos États, en se conformant aux lois et aux règlements de police, en acquittant les mêmes charges que les indigènes, et après que les arrangements auront eu lieu avec les puissances étrangères.

Les impôts sont exigibles au même titre de tous les sujets de mon empire, sans distinction de classe ni de culte. *On avisera aux moyens les plus prompts et les plus énergiques de corriger les abus dans la perception des impôts et notamment des dîmes. Le système de la perception directe sera* successivement, et aussitôt que faire se pourra, *substitué au régime des fermes dans toutes les branches des revenus de l'État.*

... *Les travaux d'utilité publique* recevront UNE DOTATION CONVENABLE.

Une loi spéciale ordonne que le budget des recettes et des dépenses de l'État sera fixé et communiqué chaque année; *cette loi sera observée de la manière la plus scrupuleuse.*

On s'occupera de la création de banques et d'autres institutions semblables pour arriver à *la réforme du système monétaire et financier*, ainsi que de la création de fonds destinés à augmenter les sources de la richesse matérielle de mon empire.

On s'occupera également de la création de ROUTES ET CANAUX *qui rendront les communications plus faciles et augmenteront les sources de la richesse du pays. On abolira tout ce qui peut entraver le commerce et l'agriculture.* Pour arriver à ces buts, on recherchera les moyens de mettre à profit les sciences, les arts et les **CAPITAUX DE L'EUROPE.**

Tels sont mes ordres et mes volontés.

Comment ces volontés et ces ordres, en apparence si formels, ont-ils été exécutés?

Que sont devenues les promesses si solennelles du hattichériff de février 1856, communiqué aux puissances signataires et déclarées par elles de « HAUTE VALEUR »? Quelle suite a été donnée à ces engagements si exprès, dont la coupable inexécution fait retomber une responsabilité si lourde, si écrasante sur la France, la Grande-Bretagne et la Sardaigne, s'interposant en 1853, les armes à la main, entre la Russie et la Turquie, pour empêcher l'empereur Nicolas d'arracher huit millions de chrétiens au joug abrutissant de douze cent mille musulmans? L'égalité entre tous les sujets de l'Empire ottoman a-t-elle été établie et existe-t-elle?

Sans cette injustifiable intervention de trois puissances chrétiennes, — la France, la Grande-Bretagne, la Sardaigne, — les chrétiens de la Turquie d'Europe respireraient librement depuis vingt-deux ans. Ils s'instruiraient, travailleraient, économiseraient; huit millions de chrétiens ne seraient plus opprimés par douze cent mille musulmans, et contraints de s'humilier, la tête basse, sous le bon plaisir de la domination la plus détestable, la plus haïssable, la plus ignare, la plus insensée qui se puisse imaginer en Europe.

Aucun des nombreux engagements solennels contractés par le gouvernement turc n'a été tenu, hormis un seul, le dernier énoncé dans le hatti-chériff du 18 février 1856, celui qui vise « les **CAPITAUX DE L'EUROPE** ».

De 1854 à 1876, la Turquie a emprunté à l'Europe quatre milliards nominalement, trois milliards effectivement.

Qu'a-t-elle fait de ces trois milliards?

Que valent ces chemins de fer qui ont servi de grossier appât aux souscripteurs de l'emprunt, dit des lots turcs?

Où sont « ces routes et ces canaux, et ces travaux d'utilité publique pourvus d'une dotation convenable, qui devaient rendre les communications plus faciles et augmenter les sources de la richesse du pays » ?

Que faut-il penser de « la réforme du système monétaire et financier », laquelle, après banqueroute frauduleuse, vient d'aboutir à une émission d'assignats de 5, de 10, de 20, de 50 et de 100 piastres, décorés du nom de *Caïmès*, et ayant cours forcé ?

Ah! lorsqu'on lit dans les journaux des pays les plus divers et des opinions les plus opposées l'horrible récit de toutes les souffrances, de toutes les tortures que subissent les malheureux chrétiens de la Turquie d'Europe, il est impossible de ne pas maudire l'expédition anglo-française de 1853 et de ne pas verser des larmes de sang sur la mort des cent mille jeunes et vaillants Français, la fleur de notre population, que nous a coûté cette expédition d'autant plus impardonnable qu'elle était un acte de coupable ingratitude.

Mais, puisque l'Autriche, la France, la Grande-Bretagne, la Prusse (aujourd'hui l'Allemagne), la Sardaigne (aujourd'hui l'Italie), avaient apposé leurs signatures au bas du traité de mars 1856, au moins devaient-elles toutes unanimement s'unir en 1875 à la Russie pour mettre fin à une domination qui, à tous les points de vue, est la plaie et la honte de l'Europe !

Quel motif pouvait retenir ces cinq puissances ?

Était-ce la crainte que la Russie ne s'emparât de Constantinople ?

Mais il n'y a plus en Europe un homme d'État sérieux qui ait sincèrement cette crainte.

Allemagne, Autriche, France, Grande-Bretagne, Italie, puissances chrétiennes, puissances garantes du traité de 1856, puisque vous avez laissé insoucieusement échapper, en 1875, l'occasion de dégager votre responsabilité morale et d'empêcher l'effusion du sang de huit millions de chrétiens, vos clients, unissez-vous donc au plus vite à la Russie pour mettre un terme à ces atrocités dont le gouvernement turc, le voulût-il, serait impuissant à arrêter le cours qui le déborde et qui l'emportera!

Dictez à la Turquie cet ultimatum :

Assimilation à la Roumanie et à la Serbie, — principautés tributaires, — de toutes les autres provinces qui forment ses « possessions immédiates » d'Europe, — sinon radiation de l'empire turc sur la carte de l'Europe, conséquemment plus de tribut payé par l'Égypte, la Roumanie, la Serbie, Tunis et Tripoli !

Et pourquoi donc l'Albanie, la Bosnie, la Bulgarie, la Crète, la Croatie, l'Herzégovine, la Roumélie, la Thessalie auraient-elles moins de droits à se gouverner elles-mêmes, moyennant tribut, que l'Égypte, la Roumanie, la Serbie, Tunis et Tripoli ?

XI

LA RESPONSABILITÉ DE L'ANGLETERRE

20 août 1876.

Les correspondances de Turquie les plus diverses et les moins suspectes sont toutes d'accord pour dénoncer et déplorer les actes de barbarie et de férocité qui légitimeraient le soulèvement général de tous les sujets non musulmans de la « Sublime Porte » contre son détestable gouvernement.

Il y a longtemps qu'il se serait écroulé sous le poids de ses vices et de ses abus sans l'appui et l'argent de l'Angleterre et de la France.

Il y a vingt-cinq ans qu'il ne subsiste plus qu'artificiellement et contre nature.

N'eût-il pas mieux valu le laisser périr, en 1853, que de prolonger son existence au prix des milliards qu'il a dévorés ?

Ces milliards empruntés, qui les lui a prêtés? C'est l'épargne du travailleur européen sur la foi d'institutions de crédit et de financiers faisant luire à ses yeux des garanties sans réalité et des documents mensongers.

La conduite du gouvernement français, en 1853, est impardonnable; car lui n'avait pas l'excuse que peut invoquer l'Angleterre; lui ne possède pas l'empire des Indes où l'islamisme exerce une puissance qui exige que l'on compte avec elle.

Oui, impardonnable; car, indépendamment de ce qu'elle fut un acte de souveraine ingratitude envers le gouvernement russe, elle a coûté la vie à plus de cent mille Français, la fleur de notre population laborieuse, la fleur de notre population agricole, la fleur de notre population industrielle, la semence de nos générations.

Expédition de Crimée, argent dépensé, sang versé, Congrès de Paris, traité du 30 mars 1856, qu'avez-vous fait de durable, d'utile et de glorieux?

Avez-vous été la déclaration suprême de la liberté des mers?

Avez-vous été la neutralisation des détroits et des ports érigée en principe et nommément appliquée à Constantinople, Anvers et Trieste?

Avez-vous été l'abolition de la traite et de l'esclavage des femmes?

Avez-vous été la condamnation de l'ignominieuse et cruelle mutilation des hommes chargés de leur garde?

L'Empire turc était chancelant; l'est-il moins?

Son administration, qui était détestable, a-t-elle cessé d'être la prodigalité, la vénalité, la dilapidation, l'exaction, la concussion, la négation de toute règle et de toute justice, le règne, à tous les degrés, du bon plaisir pour unique loi?

A-t-il converti en réalités une seule des garanties qu'il avait solennellement promises à ses sauveurs?

— Non. Il a continué d'être ce qu'il était : la plaie honteuse de l'Europe.

Le jour où la Crète, le jour où l'Herzégovine, le jour où la Bosnie se sont successivement soulevées, que devaient donc faire les puissances chrétiennes signataires du traité de mars 1856?

Toutes, unanimement, s'adressant d'une voix sévère au gouvernement turc, devaient lui dire : « Puisque volontairement « ou involontairement, par mauvaise foi ou par impuissance, « vous n'avez pas tenu envers nous vos engagements les plus « formels, rien ne nous engage plus envers vous. Nos sym- « pathies, nos vœux, nous le disons hautement, sont et « seront pour l'affranchissement successif des populations « qui aspirent à briser le joug que persistent à faire peser « lourdement sur elles votre religion et votre fanatisme réfrac- « taires à toute civilisation. »

Qu'a fait le gouvernement britannique?

S'est-il associé à l'œuvre louable des trois empereurs, l'empereur d'Allemagne, l'empereur d'Autriche, l'empereur de Russie? A-t-il apposé sa signature au mémorandum des trois chanceliers rédigé par le comte Andrassy?

— Il s'en est bien gardé! Il a fait ce qu'il avait fait en novembre 1863, lorsque le gouvernement français le convia à concourir à la formation d'un Congrès ayant pour but le désarmement européen. Il a répondu négativement. Il s'est tenu à l'écart. Il a fait avorter le mémorandum autrichien de mai 1876, comme il avait fait avorter la proposition française de novembre 1863.

Quelle est donc la politique du gouvernement anglais? En a-t-il une? Sait-il ce qu'il veut? Sait-il où il va? Les faits qui se sont accomplis depuis 1815 attestent qu'il ne le sait pas.

Il avait pour cordial allié le roi Louis-Philippe : il n'a pas eu de cesse que, par ses exigences et ses menaces humiliantes, il ne l'eût compromis et déconsidéré en toutes circonstances et à tout propos : à propos de l'Algérie, à propos du Maroc, à propos du missionnaire Pritchard et du droit de visite, à propos des mariages espagnols, etc.

Il avait pour non moins cordial allié l'empereur Napoléon III, qui avait notamment poussé l'exagération de la cordialité envers son ancien hôte jusqu'à faire avec lui la campagne de Crimée contre la Russie : quoique la Grande-Bretagne eût le plus grand intérêt à empêcher l'amoindrissement territorial de la France, sans laquelle l'expression d'équilibre européen est vide de sens, cet intérêt ne s'est manifesté par aucun acte, pas même par une protestation. Et de prétendus politiques naïfs soutiennent que si la Russie tentait d'occuper Constantinople, l'Angleterre s'y opposerait les armes à la main! Quel profond oubli du passé! quel manque absolu de mémoire! Si la France, en 1853, n'eût pris l'initiative d'envoyer sa flotte à Abydos, est-ce que l'Angleterre eût donné l'ordre à la sienne de voler au secours du sultan menacé par l'empereur Nicolas? Qui a devancé? N'est-ce pas l'escadre française? Qui a suivi? N'est-ce pas l'escadre anglaise?

Sans la France, le gouvernement britannique se fût contenté d'arborer le drapeau des faits accomplis, comme il l'a fait pour l'incorporation de Cracovie, comme il l'a fait pour le Sleswig-Holstein, comme il le ferait le lendemain du jour où, à l'abri d'un accord conclu entre le cabinet de Berlin et le cabinet de Saint-Pétersbourg, la Russie, au nom de l'humanité outragée, aurait pris résolûment et victorieusement parti pour les populations chrétiennes de la Turquie d'Europe, contre leurs oppresseurs caducs.

Ah! si le cabinet de Londres avait hautement et sincèrement uni son action à celle des cabinets de Berlin, de Saint-Pétersbourg et de Vienne, la question d'Orient n'eût pas encore été complétement dénouée, mais elle eût compté deux nœuds de moins, ce qui eût laissé le temps au nouveau padischah et au nouveau cabinet de Constantinople de donner la mesure de la sincérité de leurs intentions et de la réalité de leur pouvoir.

Lorsque l'Herzégovine, lorsque la Bosnie eussent acheté, au prix d'un tribut annuel, leur autonomie et le droit de marcher de pair avec l'Égypte, la Roumanie, les régences de Tunis et de Tripoli et la Serbie, le sort de la Turquie en eût-il été plus précaire? Est-ce qu'il l'était moins avant que l'Égypte, la Roumanie, la régence de Tunis et la Serbie eussent passé de la condition de vaincus à celle de vassaux?

Les garanties morales expressément écrites dans le traité de mars 1856 étant demeurées lettres mortes, et de nouvelles garanties de même nature étant fatalement condamnées au même sort, il est manifeste que les seules garanties efficaces qu'il soit au pouvoir du gouvernement turc de donner successivement aux chrétiens qui aiment mieux se faire tuer que de continuer à vivre sous un joug abrutissant plus encore qu'humiliant, ce sont celles qu'ont obtenues, les armes à la main, les principautés tributaires.

C'est ce que le gouvernement britannique aurait dû comprendre; c'est ce qu'il n'a pas voulu ou ce qu'il n'a pas su admettre; aussi aura-t-il la responsabilité de tout le sang déjà versé et de celui qui le sera encore par torrents jusqu'à ce que les Turcs aient cessé de camper et de régner en Europe.

Et ce sera justice, car aussi longtemps qu'ils continueront d'y camper, ce sera le risque de guerre et l'incertitude de l'avenir toujours suspendus au-dessus de toutes les grandes entreprises à long terme; ce sera la fièvre intermittente sur tous les marchés d'effets publics; ce sera la paralysie du crédit et l'étiolement de la paix.

XII

LES CLEFS DES DARDANELLES

24 août 1876.

Ce qui a empêché que la Turquie d'Europe n'eût depuis longtemps le sort du royaume de Pologne, c'est qu'on ne savait à qui confier les clefs des Dardanelles.

La Russie ne voulait pas que l'Angleterre les prît ou les remît à l'Autriche, dans la crainte que, soit l'Angleterre, soit l'Autriche, celle-ci à l'instigation de la Grande-Bretagne, ne lui fermât l'entrée de la mer de Marmara et de la Méditerranée. De là le traité d'Unkyar-Skelessy, conclu le 8 juillet 1833.

L'Angleterre ne voulait pas que la Russie s'en emparât, dans la crainte que celle-ci ne lui fermât l'entrée de la mer Noire. De là le traité du 30 mars 1856.

C'est son rôle de guichetier qui, à diverses reprises, a sauvé l'Empire ottoman. Mais l'effacement sur la carte de l'Europe du nom de la Turquie ne se fera pas longtemps attendre le jour où, enfin, les puissances garantes signataires du traité de mars 1856 auront compris qu'elles ont tourné le dos à la solution de la question d'Orient, en érigeant en principe la fermeture du détroit des Dardanelles au lieu d'ériger en règle qu'il demeurerait constamment ouvert à toutes les marines de toutes les nations, sans distinction entre marines marchandes et marines militaires.

L'adoption de cette règle est ce qu'en octobre 1854, je conseillais en ces termes, auxquels je ne retranche ni n'ajoute un mot :

3 octobre 1854.

La prise de Sébastopol est le point de départ d'une politique nouvelle. Le centre de gravitation de la politique européenne est déplacé.

Evidente est la nécessité impérieuse de sortir de l'ornière creusée par la vieille diplomatie pour entrer dans la voie nouvelle dont la navigation à vapeur, les chemins de fer et la télégraphie électrique sont les jalons! Si l'on se contente de vouloir opposer la force à la force, dans cet ordre d'idées, jamais on n'arrivera, — même Sébastopol détruit, — à faire que la Turquie soit en état de se défendre contre la Russie, pas plus que la Belgique contre la France, ou que la Saxe contre la Prusse. Qu'y a-t-il donc à faire? Il n'y a qu'à opposer le principe supérieur au principe inférieur, il n'y a qu'à désarmer la force et qu'à la transformer. Ce que les gouvernements ont fait pour l'homme, pourquoi ne le feraient-ils donc pas pour eux-mêmes? Les gouvernés seraient-ils donc plus faciles à diriger que les gouvernements, la raison aurait-elle donc moins de prise sur ceux-ci que sur ceux-là? C'est à la France, « *arbitre de la société européenne* (1) », qu'il appartient de pousser l'Angleterre dans cette voie. Jamais le moment n'a été plus propice, car l'Angleterre, sans le bras de la France, serait manifestement impuissante à empêcher la Russie de mettre la main sur les clefs des Dardanelles. Il faut faire de Sébastopol, on le peut, le point d'appui sur lequel reposera le levier de la civilisation pour soulever le monde nouveau et le placer sur sa base. Aucune puissance ne doit plus tenir les clefs d'aucun détroit, d'aucune mer, d'aucun lac; que la LIBERTÉ DES MERS, enfin, détruise, en la remplaçant, la FÉODALITÉ DES MERS!

Plus de féodalité des mers, pas plus au profit de l'Angleterre, notre alliée, qu'au profit de la Russie, notre ennemie!

La mer est libre pour tous et partout!

LIBERTÉ DES MERS! c'est-à-dire démolition de toutes les forteresses qui placent le passage des détroits dans la dépendance d'une nation quelle qu'elle soit, ou conservent à un gouvernement une suprématie maritime quelconque; c'est-à-dire encore percement de tous les isthmes qui font obstacle à la navigation et restitution de Gibraltar à l'Espagne.

(1) Expression de l'empereur Napoléon Ier.

Qui peut mesurer l'influence décisive qu'aurait eue sur le cours de la politique européenne l'adoption du principe que j'ai condensé dans ces six mots : LA MER LIBRE COMME L'AIR !

Sous le règne de ce principe érigeant en droit pour tous les États le libre et facile accès à la mer, eussent disparu naturellement d'elles-mêmes toutes les ENCLAVES, par impossibilité de subsister ; eussent tombé dans la mesquinerie et se fussent évanouies comme misérables toutes les convoitises de territoire.

En effet, qu'eût importé la possession ou la conquête d'une surface de sol plus ou moins étendue ! Ce qui eût importé à chaque État, c'eût été d'avoir les débouchés les plus rapides, les plus économiques, les plus multipliés, les plus sûrs pour les produits de son agriculture et de son industrie. Ce qui eût importé, c'eût été d'avoir de bons ports et une bonne marine marchande. L'Angleterre n'a, en superficie, que le cinquième de la France. L'Angleterre en est-elle moins une grande nation ? Est-ce à leur puissance territoriale que la Hollande et Venise ont dû l'empire qu'elles exercèrent et l'éclat qu'elles avaient acquis ?

LA MER LIBRE COMME L'AIR, c'est le marché du monde entier accessible à tous les produits de toutes les nations, sans autre raison de préférence que leur bas prix comparé ou que leur supériorité relative.

LA MER LIBRE COMME L'AIR, c'est le percement d'isthmes, c'est le creusement de canaux raccourcissant les distances maritimes et rendant à la fois la navigation plus courte et plus sûre.

LA MER LIBRE COMME L'AIR, c'est la neutralisation des ports, tous à tous, sans distinction entre grands et petits États maritimes.

LA MER LIBRE COMME L'AIR, c'est le libre échange étendu

jusqu'à ses dernières limites et élevé à sa plus haute puissance.

LA MER LIBRE COMME L'AIR, c'est la guerre entre les produits succédant à la guerre entre les hommes ; c'est la guerre changée en concurrence, cette loi suprême de tous les progrès scientifiques, agricoles, industriels, commerciaux.

LA MER LIBRE COMME L'AIR, c'est l'égalité de toutes les nations, petites et grandes, devant la tempête et le naufrage, conséquemment c'est l'esprit d'étroite rivalité s'effaçant pour faire place au sentiment de vaste solidarité et d'effort commun contre le péril commun.

LA MER LIBRE COMME L'AIR, c'est enfin la marche accélérée de la civilisation universelle, c'est la civilisation pénétrant presque instantanément dans des contrées où elle ne pénétrerait que dans des siècles sous le règne de la politique territoriale, laquelle n'est encore que la continuation du règne de la politique féodale sur une échelle composée d'échelons plus écartés et moins nombreux.

Enlever au Sultan les clefs des Dardanelles, non pour les remettre à une nation, quelle qu'elle soit, mais pour les jeter au fond de la mer et pour les y laisser, sera l'inauguration de la politique nouvelle que j'appellerai la politique maritime, par opposition à la politique territoriale et que je pourrais appeler la grande politique, par opposition à la petite politique, dont l'histoire sanglante se résume dans cette locution populaire : « Qui terre a guerre a. »

Ayant toujours gardé la conviction profonde que je viens de rappeler, ceux de mes lecteurs qui me sont restés fidèles ne s'étonneront pas de l'ardeur que je mets à soutenir qu'il ne doit plus y avoir de Turquie d'Europe.

L'Empire ottoman — non compris les pays tributaires qui sont, en *Europe*, la Roumanie et la Serbie ; en *Afrique*, l'Égypte, Tunis et Tripoli — a une population de 23,610,000 habitants :

Savoir :

Turquie d'Europe.	9.980.000	23.610.000
Turquie d'Asie.	13.630.000	

Sa dette nominale dépasse 4 milliards.

Si les Turcs cessaient enfin de camper en Europe, il serait juste que le tribut, moyennant lequel les pays soumis à leur domination auraient acheté le droit de s'administrer et de se gouverner eux-mêmes, fût affecté à payer proportionnellement les intérêts et l'amortissement de la part de dette mise équitablement à la charge des pays affranchis.

Dans l'état de discrédit et de banqueroute où est tombé l'empire ottoman, on pourrait rendre cette solution encore plus acceptable en capitalisant ce tribut au moyen de titres de rente que chacune des provinces affranchies créerait et remettrait à l'empire suzerain, afin de se racheter de sa vassalité.

Suzerain et vassaux y gagneraient.

Les vassaux cesseraient d'être vassaux, et le suzerain y trouverait peut-être le moyen de cesser d'être banqueroutier.

La Turquie d'Asie, n'étant plus menacée et n'ayant plus à se préoccuper de la défense de son intégrité territoriale, pourrait réduire considérablement les dépenses de son armée de terre et de mer, ce qui lui permettrait d'aspirer à sa réhabilitation dans un temps plus ou moins éloigné.

Un nœud dénoué sert à dénouer l'autre.

XIII

LA ROUMANIE

25 août 1876.

Ce n'est qu'en 1857 que la Moldavie et la Valachie ont cessé d'être des « possessions immédiates » de la Turquie et sont devenues des principautés tributaires.

La convention qui les a placées sous la suzeraineté du Sultan et le protectorat des cinq grandes puissances signataires du traité de mars 1856, est du 19 août 1858. L'élection du prince de Couza, élu simultanément par chacune des deux principautés vassales, a subrepticement réuni la Moldavie et la Valachie en un seul État, dirigé par un seul gouvernement.

Ce fait accompli, le gouvernement turc l'a subi.

De 1871 à 1876, la moyenne des recettes de la Roumanie s'est élevée à 94 millions, et les dépenses à 98 millions, déficit de 4 millions plus apparent que réel, puisque toutes les dépenses faites par la Roumanie depuis 1864 ont été des dépenses productives, consacrées presque exclusivement à la construction d'un réseau de chemins de fer appartenant à l'État, et qui a déjà une étendue de 1,200 kilomètres.

La Roumanie a réduit, depuis dix ans, sa dette de près de 88 millions.

Cette dette, s'élevant à 532 millions, lui impose une charge d'intérêt de 11 0/0. Mais, dans dix ans, toute la dette roumaine, sauf l'emprunt de 1875, sera éteinte, et elle sera en possession d'un vaste réseau de chemins de fer qui constituera un actif liquide complétement payé.

En eût-il été ainsi, je le demande, si la Moldavie et la Valachie fussent restées « possessions immédiates » de la Turquie et si elles n'eussent pas acquis, moyennant tribut, le droit de se gouverner et de s'administrer elles-mêmes?

Conclusion : — L'Albanie, la Crète, la Croatie, la Bosnie, l'Herzégovine, la Roumélie, la Thessalie ont raison d'aspirer et de prétendre au même sort que la Moldavie, la Valachie et la Serbie.

Elles ont le même intérêt, elles ont le même droit (1).

Non-seulement la Turquie est sans droit, mais encore elle est sans intérêt pour s'y opposer.

(1) Le soulèvement de la Crète ayant réveillé la question d'Orient, le comte de Stackelberg, ambassadeur de Russie à Vienne, écrivait le 28 novembre 1866 au prince Gortschakoff la lettre qui suit :

« Un journal de Vienne ayant dit que le meilleur moyen de conjurer un danger qui pouvait à nouveau ébranler l'Europe serait de concéder aux chrétiens de l'Empire ottoman une autonomie qui ne serait limitée que par un lien de vassalité vis-à-vis de la Porte, je demandai au baron de Beust ce qu'il pensait de cette opinion. Loin de la répudier, il me déclara qu'il était prêt à inaugurer dans ce sens la politique à suivre dans les affaires d'Orient. Vous savez, ajouta-t-il, que nous voulons vivre en bonne intelligence avec tous nos voisins. Je désire qu'il en soit de même à l'égard des chrétiens d'Orient, qui sont liés par la communauté d'origine à quelques-uns des peuples de notre monarchie. Je suis donc disposé à favoriser parmi eux le développement de leur autonomie et l'établissement d'un *self-government* limité par un lien de vassalité. Ce serait d'ailleurs là le moyen le plus sûr de consolider la paix entre le Sultan et les raïas, et l'Autriche a tout intérêt à contribuer à ce résultat, en éloignant ainsi les chances d'une conflagration qu'elle ne saurait désirer.

« Je ne pouvais qu'exprimer ma satisfaction des vues exposées par le ministre, attendu qu'*elles concordaient avec notre politique traditionnelle, consistant à développer graduellement les autonomies.* Pour le cabinet de Vienne, cela me semblait un complet revirement de système, et je ne dissimulai pas que je me plaisais à y voir la possibilité d'une entente de l'Autriche et de la Russie pour contribuer à résoudre pacifiquement un problème que les puissances limitrophes ont un intérêt spécial à voir se dénouer sans secousse. M. de Beust m'assura qu'il désirait sincèrement un tel accord, ajoutant qu'il serait important d'éviter des agitations intempestives qui ne pourraient que le compromettre. »

Le prince Gortschakoff lui répondait :

« M. de Beust inaugure une ère nouvelle dans la politique de l'Autriche, une ère à vues larges et élevées. C'est le premier homme d'État de ce pays et de notre époque qui fait courageusement l'essai de quitter le terrain des rivalités mesquines dans cette question importante. Nous ne pouvons qu'y applaudir. Je me suis borné jusqu'ici à transmettre par télégraphe et en termes généraux notre adhésion complète à la pensée dont s'inspire aujourd'hui M. le ministre des affaires étrangères d'Autriche. »

En effet, ne vaudrait-il pas mieux pour elle et pour ses créanciers qu'au lieu de dévaster ces sept « possessions immédiates », elle en fît des principautés vassales et qu'elle en tirât un juste tribut annuel, qu'elle pourrait déléguer à ses porteurs de rentes, et même capitaliser à 7 ou 8 0/0 ?

Il s'agit de quatre milliards, empruntés usurairement à l'Europe ; ces quatre milliards fussent-ils réduits à trois, fussent-ils même réduits à deux, est-ce que l'opération ne mériterait pas que les six puissances garantes de l'exécution du hatti-chériff de février 1856, déclaré par elles de « HAUTE VALEUR », la prissent en très-sérieuse considération et en fissent l'objet d'une convocation et d'une délibération, sous peine, pour le gouvernement turc, s'il y faisait obstacle, d'être dépossédé de la ville et du port de Constantinople ?

Ce serait la sanction.

Est-ce que la diplomatie n'aurait été créée et inscrite aux budgets des États que pour donner acte aux vainqueurs de leur victoire et enregistrer les conditions imposées par eux aux vaincus ? Est-ce qu'il n'y aurait pas pour elle une plus noble et moins stérile tâche à remplir ?

XIV

L'ERREUR DE L'EUROPE

1er septembre 1876.

Au seizième siècle, l'Europe se composait de 2,000 souverainetés.

En 1876, elle ne se compose plus, militairement et diplomatiquement, que de 14 États.

Ces États sont :

Allemagne ;

Belgique ;

Danemark ;

Espagne ;

France ;

Grande-Bretagne ;

Grèce ;

Italie ;

Pays-Bas ;

Portugal ;

Russie ;

Suède ;

Suisse ;

Turquie d'Europe.

L'erreur de l'Europe, erreur à laquelle la Turquie d'Europe doit son salut, c'est la conviction que la Russie a pour idée fixe de s'emparer de Constantinople, afin de pouvoir à son gré ouvrir ou fermer le détroit des Dardanelles.

Cette erreur est si invétérée, qu'elle a résisté aux déclarations les plus formelles, et notamment à celles-ci, que j'ai déjà citées, mais que je puis reproduire sans crainte de redite, car il est rare que le lecteur distrait n'ait pas oublié le lendemain matin ce qu'il a lu le soir dans un journal, même dans un livre :

En 1830, sous le règne, non de l'empereur Alexandre II, le pacifique, mais de l'empereur Nicolas, l'autocrate impitoyable, le comte de Nesselrode, ministre des affaires étrangères, écrivait au grand-duc Constantin :

Saint-Pétersbourg, 12 février 1830.

Le but de nos relations avec la Turquie est celui que nous nous sommes proposé par le traité d'Andrinople lui-même et par le rétablissement de la paix avec le Grand Seigneur. *Il ne tenait qu'à nos armées de marcher sur Constantinople et de renverser l'Empire turc.* Aucune puissance ne s'y serait opposée, aucun danger immédiat ne nous aurait menacés, si nous avions porté le dernier coup à la monarchie ottomane en Europe. *Mais, dans l'opinion de l'Empereur, cette monarchie* RÉDUITE A N'EXISTER QUE SOUS LA PROTECTION DE LA RUSSIE *et à n'exécuter désormais que ses désirs convenait mieux à nos intérêts politiques et commerciaux que toute combinaison nouvelle qui nous aurait forcés, soit à* TROP ÉTENDRE NOS DOMAINES *par des conquêtes, soit à substituer à l'Empire ottoman des États qui n'auraient pas tardé à rivaliser avec nous de puissance, de civilisation, d'industrie et de richesse ;* c'est sur ce principe de Sa Majesté Impériale que se règlent aujourd'hui nos rapports avec le Divan.

Le 31 mai 1853, le même comte de Nesselrode s'exprimait en ces termes dans la dépêche portant cette date :

IL N'Y A PAS UN MOT DE VRAI DANS LA PRÉTENTION QUI NOUS EST ATTRIBUÉE DE RÉCLAMER, SOIT UN RÈGLEMENT PLUS AVANTAGEUX DE NOTRE FRONTIÈRE ASIATIQUE, SOIT LE DROIT DE NOMINATION OU DE RÉVOCATION DES PATRIARCHES, SOIT, ENFIN, TOUT AUTRE PROTECTORAT RELIGIEUX TENDANT A DÉPASSER CELUI QUE NOUS EXERÇONS TRADITIONNELLEMENT DE FAIT ET DE DROIT EN TURQUIE, EN VERTU DE NOS TRAITÉS ANTÉRIEURS.

Les troupes recevront l'ordre de passer les frontières de l'empire, non pas pour faire la guerre, mais pour avoir des GARANTIES MATÉRIELLES jusqu'au moment où, ramené à des sentiments plus équitables, le gouvernement ottoman donnera à la Russie des SURETÉS MORALES qu'elle a demandées en vain depuis deux ans par ses représentants à Constantinople, et, en dernier lieu, par son ambassadeur.

Plus tard, sir Hamilton Seymour rapporte textuellement, ainsi qu'il suit, au ministre des affaires étrangères de S. M. la reine d'Angleterre cette déclaration à lui faite par l'empereur Nicolas :

Je ne me fais pas au sujet de Constantinople les mêmes illu-

sions que Catherine II; au contraire, *je regarde l'immense étendue de la Russie comme son seul* VÉRITABLE DANGER. Je voudrais voir la Turquie assez forte pour se faire respecter des autres puissances. Mais si elle est destinée à périr, il faut que la Russie et l'Angleterre s'entendent pour mettre quelque chose de mieux à sa place. Je propose donc que l'on fasse des principautés danubiennes, de la Serbie et de la Bulgarie, un État indépendant, placé sous la protection de la Russie, et *je déclare que la Russie n'ambitionne aucune domination sur les territoires turcs.*

L'Angleterre peut prendre l'Égypte et la Crète, mais je ne puis pas permettre qu'elle s'établisse à Constantinople, et je le dis expressément. Par contre, je suis prêt à promettre que de mon côté JE NE PRENDRAI JAMAIS CONSTANTINOPLE, si la convention que je propose aboutit entre la Russie et l'Angleterre. Si la Turquie venait à se dissoudre rapidement avant la conclusion de cette convention, et *s'il devenait nécessaire d'occuper Constantinople,* je ne puis naturellement pas prendre l'engagement de ne pas le faire.

Déclaration franchement réitérée en ces termes le lendemain :

Ainsi, c'est à prendre ou à laisser. Je ne puis pas permettre qu'une puissance maritime aussi forte que l'Angleterre occupe le Bosphore, par lequel le Dnieper et le Don débouchent dans la Méditerranée. Bien que la mer Noire soit entre le Don, le Dnieper et le Bosphore, l'occupation de ce détroit tuerait le commerce de la Russie et fermerait à sa flotte le chemin de la Méditerranée. *Si un empereur russe en venait un jour à conquérir Constantinople ou était forcé de l'occuper d'une manière permanente et à le fortifier de façon à le rendre imprenable,* ALORS COMMENCERAIT LE DÉCLIN DE LA RUSSIE. Si je n'y transportais pas ma résidence, mon fils le ferait, ou peut-être seulement mon petit-fils ; mais cela arriverait tôt ou tard, car le Bosphore est plus chaud, plus agréable et plus beau que Pétersbourg ou Moscou, et *si une fois le czar réside à Constantinople, la Russie cesse d'être la Russie.* Aucun Russe ne peut souhaiter ce résultat. Il en est peu, du reste, qui le croient possible.

Il n'est pas un Russe qui ne désire une croisade chrétienne pour délivrer la mosquée de Sainte-Sophie; je ne le désire pas moins qu'un autre, mais personne ne désirera voir le Kremlin transporté aux Sept-Tours.

En septembre 1866, la *Gazette de Moscou*, rédigée par MM. Katkoff et Léontieff, renouvelait cette déclaration dont elle avait varié cent fois les termes :

La Russie n'a aucun avantage à étendre ses frontières. Si elle n'a pas décliné les conquêtes et les annexions, si elle a jugé nécessaire d'occuper une forte position stratégique sur la Vistule, elle a été guidée en cela seulement par le sentiment de la nécessité de compenser d'une façon quelconque le manque d'issue libre sur une mer ouverte.

SE GARANTIR UNE ISSUE LIBRE DANS LA MER MÉDITERRANÉE, VOILA SON BESOIN ESSENTIEL, mais après cela elle n'a pas la moindre nécessité d'étendre ses frontières.

Se garantir une issue libre dans la mer Méditerranée ! Voilà le vrai, et la caution de la sincérité de cette déclaration est dans la vérité même des choses, vérité sérieusement incontestable.

Dès qu'il en est ainsi, le nœud de la Turquie d'Europe se dénoue naturellement.

Il suffit :

1° De laisser « les possessions immédiates », en Europe, du Sultan, conquérir ou acquérir le droit de s'administrer et de se gouverner elles-mêmes séparément ou collectivement;

2° De déclarer, dans ce dernier cas, Constantinople port franc et ville libre avec une garnison européenne fournie par chacune des six puissances garantes, signataires du traité du 30 mars 1856; ce qui aurait l'avantage de former un lien qui les relierait en faisceau;

3° De dénationaliser le détroit des Dardanelles, de le neutraliser, de le désarmer.

A cette solution rationnelle, équitable, pacifique, déjà consacrée par la haute et publique approbation de Richard Cobden, de John Bright et de lord Russell, que pourrait objecter, je ne dis pas le peuple anglais, je dis le gouvernement anglais, à moins d'encourir et de mériter l'accusation d'hypocrisie et de fourberie?

L'un des actes, sans contredit, qui l'a le plus honoré, c'est la persistance qu'à dater de 1814 il a mise à réclamer l'abolition de la traite des noirs, abolition implicite de l'esclavage, devançant en ce point les États du Nord de l'Union américaine.

Les traités successifs qu'il a imposés aux autres nations : à la France en 1814, au Portugal en 1815, à l'Espagne en 1817, aux Pays-Bas en 1818, à la Suède en 1824, au Brésil en 1826, au Chili et à l'Uruguay en 1839, à la Bolivie et au Texas en 1840, au Nicaragua en 1841, dépassent le nombre 20.

De bonne foi, avoir, en 1853, empêché le gouvernement russe de délivrer de la domination ottomane les huit millions de chrétiens qui sont ses sujets en Europe, n'est-ce pas avoir assumé sur soi la responsabilité morale du maintien d'un empire dont l'existence est la négation flagrante des principes fondamentaux de la société européenne, de la société chrétienne?

Est-ce que ce n'est pas par le trafic, par la traite des femmes que se recrutent les harems, et notamment ceux du Sultan?

Est-ce que les harems ne sont pas l'esclavage des femmes?

Est-ce que les hommes préposés à leur garde ne sont pas la condamnation, au moins en Europe, du gouvernement que ne révolte pas leur castration, qui la trouve toute simple et très-naturelle, qui même la dignifie, puisque le grand eunuque est le second personnage de l'empire, ayant le pas sur le grand vizir qui, lui, a le pas sur le vice-roi d'Égypte?

Aussi longtemps que ces odieux attentats à la personnalité de l'homme et de la femme, aussi longtemps que ces crimes couverts par l'impunité n'ont pas été dénoncés à l'attention des gouvernements d'Europe, portée ailleurs, leur conscience a pu n'en ressentir aucun trouble; mais ce qui a été possible et jusqu'à un certain point excusable dans le passé ne saurait plus l'être désormais et subsister dans l'avenir.

Le cri d'indignation que je viens de jeter tardivement, je l'avoue à ma honte, aura pour échos la presse anglaise, et pour retentissement la conscience du peuple anglais, déjà revenu de son erreur à l'égard de la convoitise faussement prêtée par les gouvernements européens au gouvernement russe.

Non, non, il ne veut pas s'emparer de Constantinople, ce qui, de son aveu, serait pour lui « un véritable danger et le déclin de la Russie »; non, non, il ne veut pas enlever au Sultan les clefs des Dardanelles, afin de se les approprier et de pouvoir fermer à son gré le détroit aux marines rivales de la sienne.

Ce qu'il veut, c'est ce que doivent vouloir tous les États d'Europe : c'est une issue libre dans la Méditerranée, c'est l'ouverture permanente des mers fermées, c'est l'abolition de la féodalité maritime, c'est l'égalité devant la mer de tous les peuples grands et petits, c'est enfin la mer libre comme l'air, et comme lui n'appartenant à aucun et appartenant à tous.

Que l'empereur Alexandre II, déjà immortalisé par l'abolition du servage, dont il a osé prendre l'initiative et qu'il a su accomplir, saisisse l'occasion, qui se présente à lui, d'arborer résolûment le drapeau de la liberté des mers, et l'erreur invétérée de l'Europe, à laquelle la Russie est en butte, n'ayant pas de fondement, ne tardera pas à s'effondrer.

Le ministère du comte de Beaconsfield, heureusement, n'a plus devant lui qu'une courte existence. Les prochaines élections générales rendront à l'école de Manchester le pouvoir que les dernières ont enlevé à M. Gladstone pour le donner à M. Disraéli.

Alors succédera à la vieille et petite politique du morcellement territorial et de la guerre la nouvelle et grande politique de l'expansion industrielle et commerciale, de l'union maritime et de la paix.

Pourquoi n'en serait-il pas prochainement ainsi? Est-ce que l'Europe de la fin du dix-neuvième siècle ressemble à l'Europe du seizième siècle, même à l'Europe d'il y a cent ans?

XV

LA HONTE DE L'EUROPE

7 septembre 1876.

On ne saurait le proclamer trop haut et trop souvent. La Turquie, continuant de camper en Europe, est la honte de l'Europe.

Après les atrocités commises par les Turcs, atrocités dont les récits authentiques remplissent les journaux francais, atrocités contre lesquelles protestent d'innombrables meetings britanniques, les six puissances garantes de l'exécution du hatti-chériff de février 1856 ne devaient pas hésiter!

L'Allemagne, l'Angleterre, l'Autriche, la France, l'Italie devaient faire deux choses :

Premièrement, rappeler, les unes, leur ambassadeur ; les autres, leur ministre plénipotentiaire ;

Deuxièmement, envoyer des forces navales suffisantes pour protéger non pas seulement chacune ses nationaux, mais, sans distinction de nationalités, tous les Européens qui seraient menacés par le fanatisme musulman.

Si l'Europe ne puise pas dans sa légitime indignation l'énergie nécessaire pour prendre cette détermination, qu'arrivera-t-il ? Il arrivera que les excès et les abus que, de 1856 à 1876, le gouvernement turc a été impuissant à prévenir, impuissant à réprimer, se perpétueront jusqu'au jour où le soulèvement qui a échoué, parce qu'il était partiel, réussira, parce qu'il était partiel, réussira, parce qu'il sera général, et que, cette fois, il sera ouvertement soutenu par la Russie aux acclamations de l'Angleterre, aux acclamations de l'Europe.

Selon l'expression vulgaire, on n'aura donc fait que reculer pour mieux sauter, c'est-à-dire qu'on n'aura fait qu'ajouter aux flots de sang versé de nouveaux flots de sang, à des ruines sans nombre des ruines nouvelles, et à d'atroces souffrances des souffrances plus atroces encore.

La diplomatie européenne parvînt-elle, à grand'peine, à obtenir du gouvernement turc, ivre de sa victoire, qu'il admette le *statu quo ante bellum,* quelle sera l'amélioration qui en résultera pour le sort des huit millions de chrétiens qui sont ses sujets en Europe ?

Aucune, car si une amélioration réelle eût été possible sous cette forme de gouvernement où les ministres les plus fermes n'osent rien dire au « Commandeur des croyants » qui soit de nature à lui plisser le front, cette amélioration eût eu lieu après l'expédition de Crimée, sous les vizirats successifs de Aali-Pacha et de Fuad-Pacha.

Ce qu'on va lire est extrait d'une lettre de lord John Russell qui, en 1860, était à cette époque ministre des affaires étrangères :

Au mois de septembre 1860, j'eus à me plaindre que les six millions de livres (**CENT CINQUANTE MILLIONS DE FRANCS**) attribuées au budget de la guerre étaient COMPLÉTEMENT DÉTOURNÉES de leur destination, que les soldats n'étaient pas payés, et que LA TOTALITÉ DES **SIX** MILLIONS DE LIVRES ÉTAIT APPLIQUÉE AUX **DÉPENSES PRIVÉES** DU MINISTRE DE LA GUERRE.

Et dans cette même lettre, lord John Russell ajoute :

VOILA CE QUI S'EST PASSÉ DANS LE GOUVERNEMENT DE LA TURQUIE. Sir Henry Bulwer avait découvert des vices sans nombre dans l'administration des affaires turques, et je dus lui donner des instructions approuvant son ingérence, et INSISTER POUR OBTENIR DES RÉFORMES.

Quel résultat ont eu les insistances de sir Henry Bulwer pour obtenir des réformes ?

— Aucun.

Quel résultat obtiendront de nouvelles insistances, en admettant qu'elles soient présentées au nom du comte Beaconsfield par le très-honorable sir Henry Elliot ?

— Le même.

Qu'y a-t-il donc à faire ?

Il ne reste plus qu'à livrer au châtiment qu'il mérite un gouvernement de voleurs, un gouvernement qui applique à ses « DÉPENSES PRIVÉES », et au détriment des souscripteurs de ses emprunts, des sommes de « CENT CINQUANTE MILLIONS DE FRANCS », un gouvernement de banqueroutiers frauduleux !

Lorsque les ambassadeurs d'un tel gouvernement continuent d'être admis aux réceptions officielles des gouvernements qui ont le respect d'eux-mêmes, que faut-il penser de la Justice ? Qu'en doivent penser les scélérats qui sont condamnés pour vol et pour banqueroute frauduleuse en police correctionnelle et en cour d'assises ?

Non, il n'est plus possible qu'il y ait encore une Turquie d'Europe.

Il ne faut pas que la diplomatie européenne s'abuse ! La détestable administration de la « Sublime-Porte », ayant été assez heureuse pour échapper au châtiment qu'elle méritait, sera très-vraisemblablement, si cela est possible, pire encore dans l'avenir que dans le passé ; certainement, elle ne sera pas meilleure. Comment pourrait-elle l'être ? Il ne saurait y avoir de bonne administration que dans les pays où il y a des chemins et des routes qui rendent les communications faciles et rapides, et fassent la lumière où est l'obscurité. Ces chemins et ces routes, avec quel argent la Turquie les ferait-elle, ne les ayant pas faits avec les trois milliards qu'elle a dissipés follement et criminellement ?

XVI

LA TURQUIE D'EUROPE RETRANCHÉE DE L'EUROPE

8 septembre 1876.

J'ai sous les yeux plusieurs projets, — plus ou moins plausibles, plus ou moins arbitraires, — de partager la Turquie d'Europe, les uns imputés à la Russie, les autres imputés à l'Autriche.

Un d'entre eux propose de constituer sept États libres et indépendants ;

Savoir :

1° L'Albanie,

2° La Bulgarie,

3° La Crète,

4° Le Montenegro agrandi de l'Herzégovine,

5° La Roumanie,

6° La Serbie agrandie d'une partie de la Bosnie,

7° La Thessalie.

Chacun de ces sept États prenant à sa charge une part proportionnelle de la dette ottomane.

Un autre consisterait à ajouter à la Dalmatie, province autrichienne, la Croatie turque et l'Herzégovine, en reliant la Bosnie à la Serbie et en étendant la frontière du Montenegro jusqu'à la mer.

Un autre unirait la Bosnie, la Croatie turque, l'Herzégovine et le Montenegro à la Croatie autrichienne, à l'Esclavonie et à la Dalmatie pour constituer, sous le sceptre du prince Milan ou du prince Nikita, un empire slave du sud.

Un autre ferait de l'Autriche le faisceau de tous les éléments slaves, « une grande Serbie ».

Un autre enfin instituerait une confédération danubienne. On dirait les États-Unis du Danube comme on dit les États-Unis d'Amérique, comme on a dit les Pays-Bas qui, au dix-septième siècle, se composèrent de 17 provinces bataves et belges.

Je ne demande pas que « le sort de l'Orient soit confié au sort de l'Occident ».

Je me borne à me rallier à l'opinion émise en 1866 par M. le baron de Beust, alors ministre des affaires étrangères de l'empire d'Autriche, dans sa réponse au comte de Stackelberg, ambassadeur de Russie à Vienne.

Je me borne à me rallier à l'avis de lord Stratford de Redcliffe qui fut, pendant un si grand nombre d'années, l'ambassadeur de la Grande-Bretagne à Constantinople.

Avec eux je pense qu'effectivement ce qu'il y a de plus simple à faire, c'est de VENDRE à chacune des provinces européennes de l'empire turc, qui voudrait l'acquérir, le droit de s'administrer et de se gouverner elles-mêmes, moyennant un tribut payé au Sultan, à l'instar de celui que payent la Roumanie et la Serbie.

Je ne propose pas de faire des provinces européennes de l'empire turc, qualifiées « possessions immédiates », ni un grand royaume de Grèce, ni un État slave, ni une Autriche « *slavifiée* », ni des principautés agrandies, ni même une confédération danubienne; je propose uniquement de les laisser entièrement libres de disposer d'elles-mêmes, soit pour se confédérer entre elles, soit pour se fusionner, soit pour vivre distinctement, moyennant le payement d'un tribut au Sultan suzerain dans le cas où elles auraient *acquis* leur indépendance à prix d'argent, et sans payement de tribut dans le cas où elles l'auraient *conquise*.

La formation des États a ses lois, le plus sage est de n'en pas contrarier le développement.

Pourquoi, soit le gouvernement russe, soit le gouvernement autrichien, prendrait-il sur lui la responsabilité de telle combinaison au lieu de telle autre? Que leur importait que la Moldavie et la Valachie fussent deux principautés distinctes ou ne formassent qu'une seule principauté? Qu'ont gagné l'Autriche, la France, la Russie et la Turquie à s'opposer à la fusion en un seul gouvernement de la Moldavie et de la Valachie? Cela a-t-il empêché le prince Couza d'être élu à la fois par la Moldavie et par la Valachie, ce qui a fait la Roumanie?

A chaque année son œuvre.

L'œuvre de cette année 1876, c'est d'affranchir de la domination ottomane les huit millions de chrétiens de la Turquie d'Europe.

Le surplus se fera successivement, à son jour et à son heure.

Ah! quel bon débarras pour l'Europe que le jour où les

Turcs auront cessé de l'occuper et où le sol favorisé du ciel dont ils empêchaient et dont ils empêchent encore de tirer parti aura passé aux mains laborieuses et intelligentes des ingénieurs et des travailleurs mis en mouvement par le capital anglais et le capital français, qui, chaque année, seront de plus en plus ardents à la recherche de placements fructueux et sûrs!

Alors il y aura des routes, des chemins de fer, des canaux qui porteront l'activité et le bien-être là où règnent maintenant l'indolence et la pauvreté.

Les chancelleries qui paraissent perpétuer à plaisir cet état misérable dont le changement serait si désirable et si facile sont sans excuse.

Où est la difficulté et, en admettant qu'elle existe, où est la garantie que la difficulté, qui n'est pas moindre en 1876 qu'en 1856, sera moindre en 1896 qu'en 1876?

Une députation d'ouvriers s'étant rendue au *Foreign-Office,* et s'étant adressée à lord Derby, il lui a fait cette réponse :

La tentative « d'effacer la Turquie de la carte de l'Europe » amènerait une guerre fanatique, en comparaison de laquelle les crimes de la Bulgarie ne seraient que des bagatelles. Rejetez les Turcs en Asie, et vous aurez encore dans cette partie du monde un mélange de chrétiens et de musulmans. La difficulté ne sera que déplacée.

Combien y a-t-il encore de Turcs qui campent en Europe?

Il y en a moins de douze cent mille, tandis que les provinces européennes de la Turquie comptent plus de huit millions de chrétiens.

L'exorbitante inégalité entre ces deux chiffres est la condamnation de l'assertion plus que hasardée de lord Derby, lorsqu'il prétend que « le rejet des Turcs en Asie amènerait une guerre fanatique en comparaison de laquelle les crimes de la Bulgarie ne seraient que des bagatelles ».

Que pèseraient ces douze cent mille Turcs campés en Europe, le jour où leur sultan n'aurait plus de trône à Constantinople, le jour où il serait allé régner soit à Damas, soit à Brousse?

Selon toute probabilité, deux courants en sens contraire s'établiraient :

Un courant qui porterait d'Europe en Asie tout ou partie des douze cent mille Turcs des provinces européennes ayant cessé d'être ottomanes;

Un courant qui porterait d'Europe en Asie tout ou partie des quatre millions cinq cent mille chrétiens des provinces asiatiques, heureux de pouvoir enfin se soustraire à la domination musulmane.

Ce serait la séparation pacifique des deux éléments opposés, — l'élément chrétien et l'élément musulman; — donc ce serait le contraire de la guerre fanatique devant l'image de laquelle l'éloquence de lord Derby a tenté de faire reculer d'épouvante l'Angleterre indignée des atrocités turques.

XVII

CONSTANTINOPLE VILLE LIBRE ET PORT FRANC

9 septembre 1876.

Le journal *la Liberté* nie premièrement qu'il soit possible de rayer les Turcs du rang des nations, et deuxièmement de s'emparer de Constantinople.

A ces deux objections je réponds :

Premièrement, il ne s'agit pas de rayer les Turcs du rang des nations; il ne s'agit de supprimer ni la Turquie d'Asie ni la Turquie d'Afrique, puisque l'esclavage subsiste encore en Afrique et en Asie, que l'opération par laquelle on y fait des ennuques y paraît chose toute simple et toute naturelle ; il s'agit uniquement de retrancher de l'Europe, comme indigne de continuer d'en faire partie, la Turquie d'Europe.

Deuxièmement, comment les Turcs, ayant été mis au ban des nations européennes, et n'ayant pu encore depuis dix mois éteindre l'étincelle de l'Herzégovine, s'y prendraient-ils pour défendre et garder Constantinople, si l'Albanie, toute la Bulgarie, Candie, la Roumanie, la Roumélie, la Thessalie faisaient, aux applaudissements de l'Europe, cause commune avec la Bosnie, l'Herzégovine, le Montenegro et la Serbie ?

Si les Turcs voulaient défendre et garder Constantinople, il faudrait qu'ils renonçassent à retenir sous leur joug ou leur suzeraineté la Thessalie, la Serbie, la Roumanie, la Roumélie, l'Herzégovine, Candie, la Bulgarie, la Bosnie et l'Albanie ; si, au contraire, ils persistaient à ne vouloir lâcher aucune de leurs proies, oh ! alors, ils les perdraient toutes, y compris Constantinople qu'il serait inutile de bombarder, car il suffirait de l'investir par terre. Sans doute, ils pourraient l'approvisionner par mer, mais n'ayant plus ni argent ni crédit, étant à l'état de banqueroute, comment feraient-ils pour s'alimenter et échapper à l'extrémité d'une capitulation ?

Si la *Liberté* peut en indiquer le moyen aux Turcs, ses amis, ce sera un vrai service qu'elle leur rendra.

XVIII

LA TURQUIE VICTORIEUSE

10 septembre 1876.

Si la Turquie ne finit par triompher de l'Herzégovine et de la Bosnie soutenues par le Montenegro et la Serbie, le faisceau de ses « possessions immédiates » en Europe achèvera de se rompre, la Turquie d'Asie et d'Afrique continuera de subsister, mais la Turquie d'Europe n'existera plus même de nom.

La Turquie vaincue, voici ce qui fût arrivé :

Le successeur du Padishah assassiné, Abdul-Aziz, et du Padishah déposé, Mourad V, le nouveau Padishah, Abdul-Hamid II, eût évacué Constantinople et transporté le siége de son gouvernement à Damas (1), où il eût gouverné encore une nation de quatorze millions d'habitants, et où rien n'eût empêché qu'il emmenât avec lui les musulmans qui grossissent les rangs de son armée, les femmes de ses harems et ses eunuques.

Le détroit des Dardanelles eût été nationalisé, neutralisé, désarmé, impartialement ouvert au passage de toutes les marines, sans distinction entre marines militaires et marines marchandes.

Constantinople eût été érigé en ville libre et en port franc, il eût reçu une garnison dont les contingents eussent été

( ) Damas, capitale de la Syrie, a 180,000 habitants, dont 3,000 chrétiens seulement. Située au pied oriental du Liban, dans une plaine fertile, elle a des mosquées magnifiques et de nombreuses manufactures de tabac, de coton et de soie. Elle a un commerce très-actif avec Alep, Bagdad, le Caire, la Mecque. Elle leur expédie, outre les produits de son industrie, les articles d'origine persane ou européenne qui lui arrivent par des caravanes ou par le port méditerranéen de Beyrouth, qui n'est qu'à cent kilomètres de Damas et qui a 40,000 habitants.

fournis par chacune des six puissances garantes de l'exécution du traité du 30 mars 1856 et de son annexe le hatti-chériff du 18 février, authentiquement déclaré par elles de « HAUTE VALEUR ».

La paix de l'Europe eût été à jamais délivrée du péril qui l'a le plus souvent troublée depuis un demi-siècle.

La Turquie victorieuse, au contraire, voici ce qui arrivera :

Ce sera, au lieu de l'amputation qui l'eût sauvée, la gangrène dont elle mourra.

Comment se relèvera-t-elle de sa banqueroute ?

N'ayant plus le prétexte de la guerre, que répondra-t-elle à ses créanciers qui viendront réclamer impérieusement qu'on leur paye tout au moins le dividende formellement promis par la fameuse Déclaration de la Sublime Porte du 6 octobre 1875 ?

Quelle suite donnera-t-elle à ses réformes pompeusement annoncées ? Les accomplira-t-elle ou les abandonnera-t-elle ?

Comment se répareront les dévastations de la guerre ?

Comment s'oublieront les atrocités commises à l'ombre de ce nom ?

Comment s'amortiront les haines du vaincu plus inextinguibles que jamais ?

Quelle digue sera assez forte pour arrêter les débordements du vainqueur ivre de fanatisme ?

Puis, si, comme il y a lieu de le conjecturer, nonobstant ses sultans les uns assassinés, les autres déposés, coup sur coup, son gouvernement est plus impuissant que jamais à réprimer les abus et les excès d'une autorité sans limites et sans contrôle, si le sort des huit millions de chrétiens, ses sujets en Europe, est plus lamentable encore dans l'avenir que dans le passé, quelle sera vis-à-vis d'elles-mêmes et de leur conscience la responsabilité morale des puissances qui, en 1853, prenant parti pour la Turquie contre la Russie, ont empêché la délivrance de ces huit millions de chrétiens, conséquemment maintenu l'esclavage, le trafic des femmes et la castration des hommes préposés à leur garde ?

Quelle sera la responsabilité morale de l'Angleterre ?

Quelle sera la responsabilité morale de la France ?

Quelle sera la responsabilité morale de l'Italie ?

Quelle sera la situation du gouvernement russe, paralysé vis-à-vis de son peuple indigné ?

Quelle sera également la situation de l'Autriche, le proche témoin de toutes les souffrances des malheureuses populations de l'Herzégovine, de la Bosnie et de la Bulgarie, sur lesquelles le joug ottoman s'appesantira plus terrible que jamais ?

Les difficultés les plus grosses, pour le gouvernement ottoman, ne sont pas celles qui finiront le jour de la signature de la paix ; ce sont celles qui commenceront.

XIX

LA SAINTE ALLIANCE MARITIME

11 septembre 1876.

Quelle utopie de publiciste ! — Je nie que ce soit une utopie; mais si c'en est une, en tout cas ce n'est pas une utopie de publiciste, c'est une utopie d'empereur, car conception et nom de la chose appartiennent à Napoléon Ier :

Dès 1800, la SAINTE ALLIANCE MARITIME que poursuivait Napoléon avait donné la mesure de ce qu'exécuterait l'Empereur.

Aussi bien, l'idée napoléonienne, que de subtils écrivains ont faite guerrière et conquérante, d'industrielle et commerciale qu'elle était en réalité, avait-elle pour objet le LIBRE ET UNIVERSEL ÉCHANGE des peuples (1).

Le 12 juin 1816, le vaincu de Waterloo dictait cette règle de conduite :

> Nous devons nous rabattre désormais sur la LIBRE NAVIGATION DES MERS et l'ENTIÈRE LIBERTÉ d'un ÉCHANGE UNIVERSEL.

Mais non, mais non, l'union maritime européenne n'est pas une utopie, car elle ne tardera pas à être la nécessité.

Il est visible à tous les regards que le vieux monde européen tombe en ruine : bientôt il n'en restera plus rien. De petites principautés sont devenues de grands empires, et plusieurs royaumes n'existent plus même de nom. Ses idées, ses intérêts, ses ressources, ses besoins ne sont plus ce qu'ils furent et ne sont pas encore ce qu'ils seront.

Un continent, si vaste qu'il soit, ne se suffit plus. L'Europe a besoin de l'Amérique, de l'Afrique, de l'Asie, soit pour s'approvisionner, soit pour écouler les produits qui excèdent sa consommation et forment sa base d'échanges.

L'Amérique, l'Afrique, l'Asie ont besoin de l'Europe.

Si l'Angleterre n'avait pas l'Asie et le monde entier pour marché, que deviendrait-elle? Que deviendrait son industrie? Que deviendrait son commerce? Comment nourrirait-elle ses populations laborieuses?

Si le fleuve de l'émigration allemande n'avait pas pour embouchure les États-Unis, que deviendrait-elle? où s'écoulerait-elle?

Si la France n'avait que les Européens pour tributaires de son industrie, à quel chiffre ne descendrait pas le total de ses exportations?

(1) F. DE PERSIGNY, *l'Occident français*, 1834.

Sans les millions que la France et la Grande-Bretagne ont prêtés à l'Égypte et à son khédive, est-ce que l'isthme de Suez ne passerait pas encore pour une entreprise irréalisable ?

Quel était le lien qui reliait entre eux les divers continents? C'était la navigation à voiles, aussi lente dans sa marche qu'incertaine dans son arrivée au port de destination.

A la navigation à voiles a succédé la navigation à vapeur, aussi régulière dans son arrivée au port de destination que rapide dans sa marche.

Cette navigation accélérée a été une immense et bienfaisante révolution dont peu d'esprits, très-peu d'esprits, se rendent encore exactement compte. A peine si les gouvernements se doutent de son immensité ! Le bandeau de la routine les aveugle.

Peuples et gouvernements semblent être partout les deux extrémités d'un même levier mis en mouvement : l'une s'abaissant en même temps que l'autre s'élève. Partout les peuples grandissent, et partout les gouvernements s'amoindrissent; partout la raison populaire est en progrès, et partout l'esprit gouvernemental est en décadence.

Ou il faut arrêter le progrès de la raison parmi les peuples, ou il faut arrêter la décadence de l'esprit parmi les gouvernements.

Jamais les gouvernements n'ont eu besoin de plus de prestige, jamais ils n'en ont eu moins.

A quoi cela tient-il? C'est qu'ils voient les questions où elles ne sont plus et qu'ils ne les voient pas où elles sont.

Aux temps où la navigation à voiles était docilement soumise au bon plaisir et aux caprices et fureurs du vent, il était logique et naturel que la politique du morcellement territorial dominât la politique de l'expansion maritime. Mais depuis que la navigation à vapeur s'est emparée souverainement de l'universalité des mers, il n'est plus logique, il n'est plus naturel que ce ne soit pas la politique de l'expansion maritime qui domine la politique du morcellement territorial. Cela ne s'explique que par la lenteur des gouvernements à comprendre ce qu'un progrès de la science, ce qu'une invention du génie de l'homme peut renfermer en germe de réformes fécondes et nécessaires.

Un mot caractérise et résume partout leur politique; c'est le mot : TROP TARD! Mais s'il s'agissait d'un capitaine de vaisseau qui eût attendu d'avoir échoué pour s'apercevoir qu'il y avait un écueil facile à éviter, ou d'un colonel de régiment qui se fût laissé surprendre et désarmer par sa faute, ces mêmes gouvernements les feraient impitoyablement juger. Ne seraient-ce pas eux cependant qui, en raison de l'importance de leur tâche, devraient, sous peine de crime et de châtiment, donner l'exemple de la vigilance?

En septembre 1866, il y a juste dix ans, j'écrivais :

« En réalité, il n'y a point de question européenne d'Orient; il n'y a qu'une question de liberté des mers à garantir par le désarmement et la neutralisation en droit et en fait de tous les détroits, à commencer ou à finir par le détroit des Dardanelles.

« Toutes les puissances maritimes, sans exception d'une seule, même l'Angleterre, ont intérêt à ce que la liberté et la sécurité des mers soient entières, à ce qu'il n'existe plus sur aucune mer ni féodalité ni piraterie.

« Plus de mers fermées par des traités! Plus de mers barrées par des canons!

« Dans un avenir qui ne saurait être éloigné, la force relative des nations maritimes se mesurera exclusivement au nombre des navires que chacune d'elles s'enorgueillira de compter.

« Si l'Empire turc, s'effondrant sous le poids de ses dilapidations, disparaît dans le gouffre du déficit que creuse cet

État avec une activité qu'il ne met qu'à cette tâche, Angleterre, Autriche, Espagne, France, Italie, Portugal, Russie et Suède en seront quittes pour ériger Constantinople en ville libre toujours ouverte et en port franc.

« Constantinople, avec sa population flottante, compte 1,100,000 âmes; sa population fixe est de 855,000 habitants. Cette ville a donc à elle seule et par elle-même une importance qui suffit à son inviolabilité.

« Savoir si les Turcs valent plus ou valent moins que les raïas; si les musulmans valent plus ou valent moins que les chrétiens d'Orient, que les *six nations*, — la nation grecque, la nation arménienne, la nation arménienne-unie, la nation israélite, la nation catholique, la nation protestante, — est une question intérieure, une question turque : ce n'est pas une question extérieure, ce n'est pas une question européenne. L'Europe n'a rien à y voir, et n'a pas plus à s'en mêler que du sort des Romains à Rome ou des Espagnols en Espagne. Une seule question intéresse l'Europe en droit et en fait : c'est la question de liberté, de neutralité et de sécurité maritimes.

« Réduite à ces termes vrais, réduite à ces termes étroits, il n'y a plus de motif, il n'y a plus de raison pour qu'en prévoyance de la chute de l'Empire turc et des conflagrations que pourrait causer cette chute, l'Europe se ruine en armées permanentes, dont le poids écrasant est un immense obstacle à l'essor de son commerce, de son industrie et de son crédit, ce levier d'une puissance incalculable [1]. »

La question est restée en septembre 1876 dans les termes où je la posais en 1866. Elle n'a point fait un pas en avant depuis dix ans, quoique la justesse de la solution indiquée fût évidente.

C'est en vain que je n'ai cessé de répéter sous toutes les

(1) LE SUCCÈS. Questions de l'année 1866. LES QUESTIONS EXTÉRIEURES, p. 356.

formes et en toute occasion : « Il n'y a pas de question d'Orient, il n'y a qu'une question de détroits. Or, toute question de détroits est une question de liberté de navigation. » J'ai crié dans le désert; hormis Moustapha-Fazil-Pacha, il ne s'est pas trouvé dans toute l'Europe un seul homme d'État pour m'entendre et me comprendre. Que font donc les hommes d'État? Ils laissent à des générations entières le temps de s'exterminer, quand ils auraient pu en empêcher l'extermination; ils laissent des armées leur donner l'exemple de tous les crimes, de tous les excès, de toutes les atrocités; ils laissent la dévastation du sol réduire les populations à la misère, quand il eût été si simple de répandre parmi elles le bien-être par le travail.

La vieille politique, la petite politique, la politique du morcellement territorial, la politique de la rivalité, la politique de la guerre, la politique du cardinal de Richelieu et du prince de Bismarck se résume dans ce mot :

La terre.

La politique nouvelle, la grande politique, la politique de l'expansion maritime, la politique de la réciprocité, la politique de la paix, la politique de Christophe Colomb et de Ferdinand de Lesseps se résume dans ce mot :

La mer.

Avant que cette vérité se soit fait jour dans leur esprit, combien de temps faudra-t-il encore la répéter aux ministres qui tiennent dans leurs mains les destinées de l'Europe? Quand donc, enfin, comprendront-ils que liberté maritime et union européenne sont synonymes, que le nouveau droit européen aura pour fondement le droit a la mer et que le grand mot sacramentel ne sera plus : équilibre, mais échange ?

Sous le règne de l'industrie et du commerce, l'accès a la mer étant devenu la condition vitale des États, l'État qui n'a pas d'accès à la mer n'est qu'une enclave et ne mérite pas le nom d'État. Bientôt, n'ayant plus de raison de subsister, disparaîtront d'eux-mêmes de la carte de l'Europe les États ainsi qualifiés. Tout État qui ne confinera pas à la mer se considérera comme un État aussi imparfait que l'individu à qui il manque un sens ou un poumon. La Russie n'a été un État, un grand État que le jour où le grand homme qui fut Pierre le Grand, après avoir dit à Kantemir : « *Nous avons trop de terre, il nous faut la mer* », ouvrit à son empire l'accès des mers par la mer Baltique et la mer Noire.

Au lieu d'enfouir des milliards à creuser de plus en plus profondément l'ornière de la politique de sang qui exerce les hommes à s'entre-tuer et aboutit à ruiner les populations et à les maintenir dans l'état de barbarie, ne vaudrait-il pas mieux consacrer les millions et les milliards à percer des isthmes, à perfectionner tous les moyens de circulation rapide, tous les moyens de communication abrégeant les distances, rapprochant les peuples, leur apprenant à s'apprécier réciproquement, les enrichissant et les civilisant? Est-ce que le règne de la liberté et de l'égalité des mers importe moins à la stabilité des gouvernements qu'à la prospérité des nations? Est-ce qu'ils ne doivent pas savoir que point de débouchés, peu de travail, et peu de travail, plus de sécurité?

Ils craignent la liberté. Anachronisme! Ce n'est pas la liberté qu'ils doivent craindre, c'est la misère. Donc, c'est la misère qu'ils doivent combattre sans relâche et sans fin.

Concurrence au dehors comme au dedans, concurrence entre les peuples comme entre les individus; désormais c'est à qui fabriquera le mieux, vendra à meilleur compte, arrivera le plus vite et trouvera le premier de nouveaux débouchés.

L'Europe est appelée à assister à un nouveau spectacle. Autre spectacle, autre théâtre. Le théâtre de la terre suffisait à la guerre, mais il en faut un plus vaste à la concurrence; il lui faut la mer.

La mer libre comme l'air : telle est l'échelle qui servira à dresser la nouvelle carte de l'Europe.

Du haut de son rocher, le captif de Sainte-Hélène avait raison, quand il disait :

Nous devons nous rabattre désormais sur la libre navigation des mers.

C'était la même opinion qu'exprimait, en d'autres termes, Barrère, dans son rapport sur l'acte de navigation, quand il écrivait :

Ce n'est pas assez d'avoir fondé la RÉPUBLIQUE POLITIQUE, il nous reste à fonder la RÉPUBLIQUE COMMERCIALE.

La métaphore qui consiste à assimiler les États à des vaisseaux et à dire : « *Le vaisseau de l'État* » n'est pas de mon invention, et, si elle a un défaut, assurément ce n'est pas celui d'être neuve. C'est rester dans cette métaphore consacrée que d'engager les pilotes couronnés à détourner de la terre leurs regards pour les porter désormais de préférence et les fixer sur la mer.

Alors ce serait le désarmement européen opéré par l'union maritime européenne.

Toutes les nations y gagneraient, aucune d'elles n'y perdrait, pas même l'Angleterre.

Qu'y perdrait-elle?

TABLE DES MATIÈRES

PARIS. TYPOGRAPHIE DE E. PLON ET Cie, RUE GARANCIÈRE, 8.

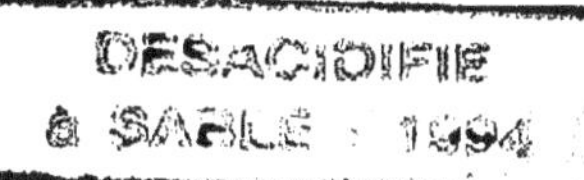

www.ingramcontent.com/pod-product-compliance
Lightning Source LLC
LaVergne TN
LVHW020419230826
846091LV00004B/1324

* 9 7 8 2 0 1 3 5 5 7 3 7 5 *